Entre el Aguila y la Serpiente

Visión de un México Moderno

1998

Santiago Roel R

ISBN-13: 978-1511843133
ISBN-10: 1511843136

Reseña del Libro

Es un diálogo simbólico entre el águila y la serpiente sobre México desde un punto de vista sistémico.

El libro plantea el inicio de un nuevo ciclo de 30 años para el país, en donde el reto es avanzar hacia un sistema más democrático, encontrar una visión positiva del futuro y finalmente, la conquista del poder interno de cada individuo, en contrapartida al poder de las instituciones.

Es un análisis diferente sobre México, fácil de leer, en donde se combinan los conocimientos profundos sobre el sistema con una lectura fácil y amena.

Perfil del Autor

Santiago Roel es un consultor experto en sistemas de calidad y sistemas complejos con amplia experiencia como funcionario, empresario, periodista y escritor. Es el creador del Semáforo Delictivo con el que se han logrado reducir radicalmente los índices delictivos en algunos estados.

Otros libros por el autor:

Estrategias para un Gobierno Competitivo: Cómo Lograr Administración Pública de Calidad

Entre el Orden y el Caos: Un experimento social

Cómo se ordenan los Sistemas Sociales

Información: La clave para entender la compeljidad.

En estos ensayos propone a la información y a la intención como elementos claves para lograr un cambio en los sistemas sociales.

Si deseas saber más, conocer el Semáforo Delictivo o ponerte en contacto con el autor

www.semaforo.mx
www.prominix.com
prominix@gmail.com

Introducción

Muchos creyeron que aquella era una lucha entre el águila y la serpiente. El águila representando lo más noble de la humanidad: su altruismo, su espiritualidad.
La serpiente, representando pasiones e instintos, su parte animal.

Muchos buscaron ser águila, otros quisieron ser serpiente.

Hubo sin embargo, un hombre que supo ver aquella escena con otros ojos y observó que ambos eran parte de lo mismo, observó una serpiente emplumada.

También observó que cada hombre tenían la capacidad de ser uno u otro, pero pocos sabían ser ambos a la vez. Desde entonces, sólo unos cuantos han encontrado la inmensa sabiduría de saber que la serpiente se pierde sin la visión del águila y el águila no puede volar sin el poder de la serpiente.

Esa es la historia de un hombre y de una nación, es la historia de una búsqueda sin fin, la búsqueda de la razón de existir, la búsqueda por el auténtico poder interno.

Entre el Aguila y la Serpiente

Diálogo I: El sistema autoritario

AGUILA. ¿Qué te trae por México, vienes a ver qué acontece en Chiapas?

SERPIENTE. Ese no es mi interés. Chiapas es terreno para escandalosos y ociosos. Chiapas es comparsa para un sinnúmero de malos actores con identidad perdida. Es tema para seudo-intelectuales de la vieja Europa que piensan que aquí hay otro muro de Berlín que derribar y para periodistas en busca de una novela. No, este país tiene más que ofrecer y mal haríamos en entretenernos en un tema tan banal como el rescate del romanticismo revolucionario. Chiapas huele a hippies y a marihuana de los sesenta.

A. ¿Y a sangre de inocentes y de incautos?

S. ¡Por supuesto! Es una tragedia en todos sentidos porque la injusticia de fondo se pierde ante el reflector de las vanidades. Tanta atención publicitaria, en lugar de resolver los problemas ha provocado una lucha entre egos deslumbrados con la fama. Además, distrae a este país de los verdaderos temas. Una vez más, México sigue distraído con lo urgente en vez de atender lo importante.

A. ¡Entonces ese sí es un signo inequívoco de que el viejo sistema está muriendo y de que algo nuevo tendrá que nacer!

S. Te diré lo que es. Es un síntoma adicional de la escasez de líderes. Los viejos líderes formales y sus instituciones han muerto real o simbólicamente y no han surgido nuevos líderes que conquisten el corazón de los jóvenes, de las mujeres, de los trabajadores, de la clase media. Este país está ávido de líderes y por ello se vuelca sobre malas copias.

A. ¿Líderes positivos?

S. Líderes, no jerarcas.

A. ¿Será que los sistemas autocráticos no generan líderes? Porque te diré que observo autocracia en todas partes. En las escuelas el alumno no es nadie ante los maestros que pasan su tiempo exigiendo la memorización y la sumisión de la mente. En las empresas no hay libertad para que el empleado sugiera mejores procesos de producción y de administración, en el gobierno, el burócrata no tiene derechos ante la clase política y es humillado y removido al antojo de sus jefes, en la política, los líderes independientes son arrinconados por las cúpulas partidistas. En fin, todo se reduce a restregarle los niveles jerárquicos a los subordinados, a castigar al que se arriesga a hacer un cambio. Este sistema no genera líderes porque son castrados desde su infancia.

S. Es una verdadera tristeza, porque debo decirte que me ha sorprendido la tremenda capacidad creativa de los mexicanos. Por donde quiera hay arte, emoción, sentimiento. Es un pueblo artista, sin duda.

A. Si pero ¿no te has fijado en la sumisión del fondo a la forma?

S. ¿El gusto mexicano por lo barroco?

A. Lo barroco es una creatividad neurótica porque no puede expresarse con libertad. Es como un niño que ante el regaño del maestro, baja la mirada y dibuja caracoles en el cuaderno... una vez, dos veces, mil veces, hasta que ha calmado la ira de su impotencia.

S. ¿Lo barroco es neurótico?

A. Cuando la forma domina el fondo, estamos frente a un intento de supresión, a la contención de la energía, a una parte de nosotros mismos que no puede expresarse con libertad.

S. ¿Será ese coraje reprimido lo que detecto detrás de tanta amabilidad?

A. Más allá de la tremenda diferencia de clases, creo que esta nación es amable por naturaleza, pero está cansada del autoritarismo, de ser apabullada por la jerarquía. Yo creo que el alumno aborrece al maestro, el burócrata al político y el trabajador al ejecutivo. Están hartos de tener que escuchar los sermones, de soportar las humillaciones y todavía tener que adular a sus superiores jerárquicos.

S. Han fallado las personas.

A No es un problema de personas, es un problema de sistemas, de un sistema que insiste en ir en contra de la naturaleza humana.

La mente y el corazón humanos no están diseñados para recibir órdenes, están diseñados para resolver problemas o mejor dicho, para anticiparse a ellos. En eso se basa la evolución del ser humano. Pero las organizaciones no saben aprovechar la inteligencia de sus miembros; hombres y mujeres inteligentes, trabajando en sistemas tontos, y como tú sabes, el sistema es demasiado poderoso. Las labores son inútiles, los resultados son pobres. Una verdadera tragedia.

S. Pero, desde siempre el hombre se ha organizado en jerarquía, es más, el universo, así funciona, ya no digamos la política o la administración

A. Sí, en todos los sistemas las decisiones se toman en algún punto de su organización. El problema surge cuando los únicos que toman decisiones son los de arriba, en lugar de abrir espacios para que las decisiones se tomen en el nivel de mayor conocimiento, cualquiera que éste sea.

S. No te entiendo.

A. La única jerarquía que debe imperar es la jerarquía de las ideas no de las personas. El empleado más modesto puede tener la mejor idea para la empresa pero si no hay espacios para expresar su idea, si se le considera tonto o inútil por la posición que ocupa, estamos frente a un sistema autoritario que desaprovecha oportunidades de mejora. El alumno puede resolver la ecuación de una manera diferente a lo que el libro de texto o el maestro proponen, pero si el sistema no lo autoriza y el alumno es reprobado, se perdió una mente creativa para siempre.

S. No es fácil cambiar sistemas.

A. Los sistemas de calidad son poderosos porque en lugar de ir en contra de esta capacidad humana, la dejan ser, la utilizan, la encauzan, la promueven. Muchos consultores complican los procesos de cambio porque su negocio es vender la complejidad del proceso y por ende, su propio tiempo, pero la verdad es que yo he visto cambios inmediatos en organizaciones complejas, con unos cuantos ajustes al sistema. Cuando el sistema se ajusta al hombre y no al revés, los resultados son impactantes, casi diría que milagrosos.

S. En conclusión, los sistemas de este país son antinaturales.

A. En efecto, confunden el afán de control con el afán de orden y lo peor del caso, es que la tortura empieza desde corta edad. Los niños tienen una natural avidez por aprender y por resolver problemas. Esa es su naturaleza. Pero el sistema educativo se encarga de atrofiar la mente. Promueve la memorización y descarta procesos mentales más complejos como la creatividad. Voy más allá. El niño debe aprender a obedecer ciegamente y no tiene oportunidad de defensa ante el maestro. ¿ Cuál es el mensaje? Sométete y serás recompensado, rebélate y serás castigado.

S. Es decir que el sistema educativo mexicano está quebrando a los líderes desde su tierna edad. Pero ese no es un problema exclusivo de México, yo he visto esa actitud en países con mayor desarrollo... desde la primaria hasta las universidades.

A. Por supuesto. Es un problema universal. Para el maestro mediocre siempre será más fácil conducir una clase de ovejas recitantes que de niños pensantes. Pero México tiene alternativas y debe buscarlas para romper su ciclo negativo. Sin embargo, hoy no quiero ahondar en el problema educativo, sólo debo decirte que ningún país puede progresar si no logra romper ese círculo vicioso que se da en la familia, en la escuela, en la empresa y en la política. Porque bien sabemos que en este tipo de sistemas autoritarios se pierden muchas oportunidades, y sólo se generan dos tipos de seres humanos: los autómatas y los cínicos, y ninguno de los dos tienen madera de líder, ninguno de los dos cumple su condición de hombre a plenitud.

S. Habrá quien saque la vuelta al sistema.

A. El pillo es el héroe de las tiranías y en México se alaba al pillo, porque se burla del sistema que oprime a todos. Ese pillo puede ser un guerrillero, o puede ser un defraudador fiscal, o incluso un político corrupto que se pasa a la oposición.

S. La política siempre tiene algo de cinismo porque a fin de cuentas, es una lucha por el poder. Sin embargo, debo admitir que en este país he visto dosis más altas de simulación. La política mexicana es difícil de entender por su falta de apertura y claridad. Las reglas no son transparentes y los actores no pueden expresarse con libertad. Las acciones son ocultas, tan ocultas como los intereses y hay un enorme abismo entre el discurso y los hechos. En última instancia, la comunidad está muy lejos de lo público y su única alternativa es sospechar rutinariamente de todo, y el que de todo sospecha, en el fondo, se está conformando a su impotencia. Es como decir: "no puedo cambiar nada, pero mi venganza es no creerles". Esa es una mala señal para cualquier democracia y mi impresión es que no ha habido intentos serios por resolver esta distancia.

A. Creo que el primero paso deben darlo los políticos.

S. Por supuesto. Pero los que se han atrevido, han sido sancionados severamente por el sistema. Los políticos ocultan su rostro de diversas maneras. En México, nunca vemos un político de vacaciones o conviviendo con su familia, en un centro comercial, en una librería comprando libros intrascendentes, mucho menos, aceptando fracasos en su vida.

A. ¿Será su temor a ser inmolado por el público?

S. Por supuesto que hay un juego doble. El gobernado, con su enorme coraje, le exige una vida estoica y por lo mismo inhumana. El mensaje es claro: "Te concedo poder, pero a cambio te hago prisionero de mis expectativas: no tienes derecho a tener familia, ni a divertirte, mucho menos fracasar, y en cualquier momento, puedo recrearme con tu desprestigio. Diviértete con tu poder, que yo me divertiré con tu caída".

A. Es un juego cruel del todo y nada. Es sadomasoquismo.

S. Antiguamente, la humanidad sacrificaba a sus monarcas después de un año de reinado. México es tierra de sacrificios. "Si ayer te adoré, hoy me divierto con tu caída". Los periodistas conocen bien el juego y le dan gusto a la afición. Pocos contribuyen a desenmascarar a los actores y clarificar las reglas.

A. ¡Vaya ambiente!

S. El juego es más complejo y se juega en varias arenas. Por ejemplo, el burócrata que ha ascendido a costa de ser sumiso, se vuelve prepotente cuando alcanza jerarquía. "Yo he lamido botas toda mi vida, ahora les toca a ustedes hacerlo conmigo". Ese es el sistema y por cierto, no es exclusivo del gobierno.

A. En efecto, te sorprendería de lo hábil que son algunos ejecutivos de empresa en el juego de la intriga y de la politiquería.

S. Recuerda que yo me sorprendo de poco porque la política está en todas partes. En ella vemos lo mejor y lo peor de los hombres, las acciones más bajas y las más sublimes. Pero hablando de las primeras, vemos a la madre que intriga porque su hijo no es tan brillante o su hija tan guapa, el empleado que adula para luego traicionar, la amante que se vende al mejor postor, el periodista que difama para vender noticia y hasta el sacerdote que pide al cielo para que su compañero tenga un tropiezo. Todo se vale en el juego por adquirir o mantener el poder.

A. Eso no es noticia para el mundo, lo que es noticia es que lo perverso de la política se acentúa en un sistema autoritario que reprime oportunidades y talentos. México sufre porque no ha encontrado un camino diferente. Las crisis económicas se repiten, la concentración de riqueza se acentúa y no surgen líderes con suficiente capacidad para enderezar el camino.

S. ¿Hablamos de un líder poderoso por su carisma o por su capacidad de maniobra?

A. No. Tendría mucho cuidado en enfatizar el carisma. Prefiero un líder con inteligencia práctica, con valores y con suficiente fuerza interna para respetar su propia inteligencia y la de los demás. A este país le han hecho mucho daño los líderes carismáticos.

S. ¡Ah! Entramos al terreno de la ética y la política.

A. No hablo de predicadores ni de utopías. Hablo de un líder que prefiera respetar sus principios que sujetarse al poder a toda costa.

S. Hablas entonces de un mártir que invariablemente será sacrificado e incomprendido. Voltea a ver a Ghandi o Martin Luther King o más recientemente, y toda proporción guardada, al mismísimo Gorbachev a quien ningún ruso recuerda con gratitud. Voltea a ver los asesinatos políticos que ha habido en México. ¿ Eran líderes que querían cambiar el sistema?

A. Quizá hablo no de un líder, menos de un líder político o de los políticos, hablo de un sinnúmero de mexicanos que se conviertan en líderes, hablo de la necesidad de que todos lo sean, así tengan un modesto trabajo o una gran responsabilidad. Hablo de que los tiempos han cambiado para México y que hay maneras de romper cadenas, hablo de tendencias, de fuerzas que habrán de cambiar a este país, hablo de un cambio de sistema.

S. ¿ Y por qué habrá de cambiar?

A. Por necesidad. Porque lo existente ya no funciona, ya no es útil a su actual estado evolutivo.

S. Eso no asegura una dirección positiva.

A. No, si lo vemos en abstracto. Pero hay aprendizaje y hay nuevos actores, nueva sangre. Hoy la mayoría es joven y no quiere saber nada del antiguo sistema y sus símbolos; está mejor educada y mejor informada.

S. Esto tampoco asegura un cambio positivo. La lucha mundial es no tanto por la información sino por el conocimiento y en esa competencia, se acrecienta la brecha entre los que saben y los que no. Son otras formas de dominio. La educación es la gran niveladora, pero tú mismo has mencionado sus restricciones actuales.

A. Me llevas a pensar entonces, que las fuerzas del cambio tienen que ser encauzadas por una visión positiva.

S. ¿ Existe en México?

Diálogo II: De sombras y Demonios

A. Creo que en la historia de México han habido destellos de lo que puede considerarse una visión positiva. La Independencia, la Reforma, el Positivismo, la Revolución, la industrialización en la posguerra y la Reforma Política de los setenta son algunos ejemplos. Estos son nombres, nada más. Cada una de estas visiones, en su momento, fue un gran impulso creativo para los mexicanos.

S. ¿Qué es una visión positiva?

A. Es un paisaje claro de cómo quiere ser este país. Es un impulso hacia el futuro. Es una fuerza que motiva a su comunidad que la aglutina en un objetivo común sin importar lo diverso de su condición social. Es una identidad.

S. ¿Una identidad?

A. Por supuesto.

S. ¿Me quieres decir que la identidad está más en función del futuro que del pasado?

A. Así es.

S. Sabes que esa afirmación podría meterte en álgidas discusiones con los historiadores.

A. El sentido de la vida está en la expectativa de vivirla para realizar algo importante, no en lamerse las heridas.

S. Pero en el futuro, el pasado también está contenido.

A. Esa es la magia del tiempo. El problema surge cuando se utiliza el concepto de pasado o de futuro para escapar del presente, para evadir confrontaciones dolorosas pero necesarias.

S. Hablando de historia, los mexicanos han creado muchos héroes.

A. Ese es un arquetipo universal. Los pueblos requieren de héroes. Sin embargo, el héroe corre el riesgo de volverse un dios. En ese momento, el héroe ya no es útil porque ha perdido sus lados oscuros, sus debilidades, sus pasiones, toda la lucha interna que lo llevó a ser un gran hombre. Sus seguidores quedan a la deriva, porque pierden su cercanía con el héroe. Puede decirse que quedan atrapados entre su condición de hombres y su imposibilidad de ser dioses.

S. ¿No hay viabilidad de encontrarse una identidad en esa dimensión tan desvirtuada?

A. Es una novela de blanco y negro, de bueno y malo que fomenta los sentimientos de inferioridad. El héroe es importante porque sintetiza la búsqueda colectiva, pero cuando se le desprovee de sus imperfecciones, pierde su utilidad. El héroe es un hombre con aspiraciones divinas. Si deja de ser hombre para convertirse en dios, la colectividad ya no puede seguirlo.

S. Es otra manera de evadir la realidad. Es el triunfo de la culpa sobre la autoestima.

A. Me culpo a mí mismo o invento villanos. De cualquier forma pierdo energía porque cedo mi poder personal a los héroes deificados o a los villanos de la historia.

S. ¿Cómo se puede rescatar el poder?

A. Aceptando la propia responsabilidad en el proceso de crecimiento, aceptando el dolor como parte del proceso y entendiendo, que en cada crisis hay aprendizaje.

S. Entonces ¿no existe fuerza inspiradora en esos héroes?

A. Sí, pero sólo si sus herederos no los despojan de su calidad de hombres. Pero, además, se pierde la oportunidad de entender las fuerzas sociales que están detrás del cambio. Fíjate cómo se enseña la historia de México en sus escuelas. Rara vez se hace un análisis del contexto social y pocas veces, se hace referencia al mundo, como si México fuera un país aislado. Europa no puede entenderse sin captar su contexto, la fragmentación de sus reinos y fuerzas políticas que hicieron imposible la consolidación de un imperio, pero que permitieron algo mucho más valioso, la libertad de pensamiento.

S. ¡ Y un sinnúmero de guerras!

A. Toda idea, toda interpretación, tiene la posibilidad de una interpretación contraria que la enriquece y la complementa. La realidad es paradójica porque cualquier hecho encierran su opuesto, esa es la magia del mundo. Pero la magia se pierde cuando la ambivalencia se niega o mejor dicho, cuando no se entiende como complemento entre opuestos. México no puede ser una nación de víctimas y de héroes deificados. Su historia tiene mucho más que decir al respecto, es más rica, más compleja. La historia no debe cercenar hechos de un país, mucho menos decantarla en perfecciones irreales porque es como querer olvidar cadenas enteras del código genético y correr el riesgo de quedarse sin piernas, brazos o cabeza. Cuando esto sucede, la sombra colectiva se hace más fuerte y los errores son más costosos: Entre más perfección se cree obtener, más lados obscuros hay que resolver y no siempre se resuelven de una manera agradable. La realidad se encarga de cobrar facturas pendientes, problemas no resueltos.

S. ¿La sombra colectiva?

A. Los lados obscuros de una sociedad, lo que negamos de nosotros mismos porque lo consideramos vergonzoso o peligroso.

S. ¿La sombra también puede ser individual?

A. Es un proceso idéntico porque el principio es el mismo: la polaridad. Todo suceso contiene su opuesto: En la calma, está contenida la tormenta, en la sabiduría, la estupidez, en la maldad la bondad. En el hombre, hay un debate entre su parte animal y su parte espiritual. No puede emigrar a lo espiritual sin tomar en cuenta lo animal; sus pasiones, sus necesidades más básicas, sus temores, sus instintos. Si todo ello lo mete en un saco y lo arroja a un rincón para hacer su viaje espiritual, tarde que temprano, se le aparecen Las Furias en el camino. Entre más corre, más se tropieza, y entonces crea demonios externos para explicarse esta paradoja, y finalmente crea chivos expiatorios para tratar de resolver su tragedia. Pero la verdad se ubica en sí mismo, en la negación que ha hecho de sus partes animales, sus demonios están dentro, son suyos. Y si esa negación es compartida por otros, estamos ante un problema de inconsciencia colectiva. Naciones enteras que arremeten contra sus minorías o sus elementos más débiles como las mujeres o los niños o contra algún enemigo externo, algún demonio personificado en otra nacionalidad u otra religión.

S. ¿ Es un problema de religiones?

A. No. Es un problema humano que algunas religiones pueden acentuar al enfatizar la negación de aspectos animales del hombre, al crear sombras mayores y más obscuras, puntos ciegos de la conciencia. La sombra hace presión como una olla exprés y revienta. Estos procesos de exhumación de sombras pueden ser tan sangrientos como una revolución o una guerra civil. Todo país los ha sufrido.

S. ¿ Qué antídotos sugieres?

A. La comunidad debe estar atenta a cualquier intento de negación, a cualquier intento de interpretación simplista de la realidad. Detrás de cada chivo expiatorio, hay una sombra que quiere mantenerse enterrada, hay un punto ciego en la conciencia colectiva, una viga en el ojo propio. Esa viga es la gran oportunidad para crecer y madurar.

S. Como el racismo.

A. Los cínicos entienden estas fuerzas y las utilizan para obtener poder causando un daño tremendo.

S. ¿No siempre serán los políticos?

A. Los cínicos pueden estar en cualquier parte, pero generalmente se ubican en posiciones de poder. Los cínicos son hombres débiles e inseguros que tratan de sobreponerse a sus propios temores mediante el control de la energía de los demás.

S. Pero eso es tanto como decir que todos los líderes sociales de una nación o una comunidad manipulan lo colectivo.

A. No necesariamente, no todos los líderes son cínicos, hay líderes que arrojan luz sobre las sombras. Una nación tiene menos propensión a ser manipulada cuando está atenta a esta tentación de los que tienen o aspiran al poder. Cuando cualquier líder plantea soluciones fáciles hay que tener cuidado, cuando las culpas se arrojan hacia otros, hay que tener cuidado, cuando el líder promete un mejor futuro a cambio de que la comunidad le ceda su poder, hay que tener cuidado. Hay líderes que liberan y hay lideres que someten; hay sociedades que ceden su poder y otras que lo defienden a toda costa.

S. ¿Cuáles son los demonios mexicanos?

A. Los hay de todos colores. Los españoles, los indios, los mestizos, Santa Ana, Porfirio Díaz, los norteamericanos, los empresarios, los trabajadores, los católicos, los protestantes, los priistas, los panistas o los perredistas, los viejos, los jóvenes. Cada movimiento social, cada revolución, cada generación, ha tenido los propios, como cada partido político, cada religión y cada clase social tienen los suyos. Sin embargo, la pregunta importante no es ¿quiénes son los demonios? Sino ¿en qué casos se eligen demonios? Porque ahí hay un problema que no quiere ser confrontado y por tanto, la pérdida de una oportunidad de crecimiento.

S. Los mexicanos también son chivos expiatorios de algunas sombras ajenas.

A. Por supuesto, Estados Unidos oculta un problema grave de consumo de drogas y ha escogido un buen chivo expiatorio en los mexicanos.

S. No podrás negar que el narcotráfico está metido en la política y en los negocios de este país.

A. Por supuesto que no. Pero el punto para análisis de los norteamericanos es ¿por qué hay una necesidad de escapismo en la sociedad estadounidense y por qué desviar la atención culpando a los mexicanos o a los colombianos?

S. Eso quiere decir que a veces no basta con trabajar demonios propios.

A. Así es. Ni luchador de dragones, ni chivo expiatorio de nadie.

S. Volviendo al tema de los demonios propios. ¿Inmolar ex-presidentes es la parte expiatoria del proceso de haberles cedido tanto poder, de haberlos endiosado?

A. Por supuesto, pero de nada sirve el intento de rescate de poder personal si se vuelve a ceder el poder a un nuevo tirano. Eso es algo que los mexicanos deben analizar; para encontrar sus sombras deberán empezar por contemplar a sus demonios como una parte de sí mismos que deben encarar e integrar. ¿Por qué ponerse como víctimas de la historia, de un país vecino o de cualquier otra persona o circunstancia? ¿Por qué ceder el poder a otros? El poder está en sí mismos, no en el petróleo, la mano de obra barata o el Tratado de Libre Comercio. Ni siquiera está en la democracia.

S. No te entiendo, creí que estabas a favor de la democracia.

A. Sólo si se entiende como una manera de ejercer el poder personal, no de transferirle el poder a un nuevo partido.

S. En conclusión, todo pueblo debe intentar enfrentar sus sombras en lugar de esperar que alguien o algo más pueda salvarlos.

A. Al lograr encarar sus sombras, los mexicanos habrán iniciado el camino de la reconquista.

S. ¿Cuál reconquista?

A. La reconquista del poder.

S. ¿Cuál poder?

A. Su poder interno, su poder personal.

S. ¿Eso es todo?

A. Eso es mucho. Es algo que muy pocos individuos y muy pocas naciones han alcanzado. Esa es justamente, la misión del héroe.

Entre el Aguila y la Serpiente

Diálogo III: Una Visión Positiva

S. Bien, acepto el argumento. ¿Pero a qué viene todo esto si hablabas de una visión positiva, si tú mismo decías que no hay que buscar la identidad en el pasado?

A. Vayamos por partes. Mi hipótesis es que este país se ha desgarrado por buscar su identidad en el pasado, en lugar de encontrarla en el futuro. Además - y aquí fue donde nos desviamos- ese pasado está lleno de demonios. Por lo tanto, el primer punto es que los mexicanos deben encontrar su identidad en el futuro. No sugiero un nuevo tipo de escapismo, una fuga del presente hacia el futuro, sino una nueva interpretación del presente con fundamento en la expectativa de un mundo mejor.

S. Pero los demonios pueden extrapolarse hacia el futuro.

A. Sí, en efecto, hay que exorcizarlos y para lograrlo, hay que entender que los demonios son una parte de sí mismos que los mexicanos no han querido aceptar.

S. Bien, ¿por qué no entramos en temas más concretos? Se ha enfatizado la necesidad de salir de la crisis económica ¿no es esa una visión del futuro?

A. Eso es tanto como decir que mi objetivo es llegar a la otra orilla.

S. Puede ser mucho si el río está infestado de lagartos y tú estás a la mitad.

A. Nunca llegaré al otro lado si no contemplo un ideal superior. Mi afán de cruzar tiene que ser guiado por el sentido de mi existencia y ese sentido no puede ser salir de una situación difícil. Busco sobrevivir porque aspiro a algo importante del otro lado del río, como pudiera ser una mejor calidad de vida para mis hijos, para la comunidad o para la nación entera. Mi horizonte es más lejano que un pedazo de tierra segura. Eso es lo que me motiva a soportar penas y correr riesgos.

S. ¿No sería peligroso pintar nuevos mundos ante una sociedad que está cansada de sufrir desilusiones? ¿Cuántas crisis económicas han sufrido los mexicanos en los últimos 30 años? ¿Cuántas crisis políticas en los últimos 200?

A. Más riesgoso sería perder el sentido de existencia, la razón de vivir, el afán de lucha.

S. ¿Me dices entonces, que México requiere de una nueva ilusión, de un nuevo sueño?

A. No puede ser una visión irreal o inalcanzable. Tiene que ser un horizonte lejano pero asequible.

S. Recuerdo una frase estudiantil del movimiento del 68 en París: "Seamos razonables, pidamos lo imposible".

A. Es una buena frase pues es paradójica y en las paradojas hay un gran contenido de energía creativa. Dos ideas aparentemente irreconciliables...

S. ...que la mente trata de unir.

A. La mente y el corazón, y en ese esfuerzo, en esa tensión creativa, surge algo nuevo. Los místicos hablaban de la mandorla: dos círculos o mandalas que no se unen, cada círculo con una idea contrapuesta a la otra.

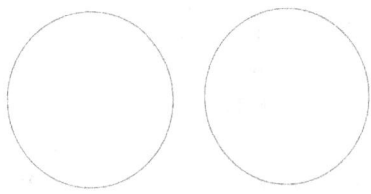

S. Y cuando se unen, surge la reconciliación; como el simbolismo del pez en el cristianismo.

A. El pez es la unión de las dos mandalas, e implica la fusión del hombre entre el cielo y la tierra, entre su parte terrenal y su componente divino. Sólo hay que agregarle la cola.

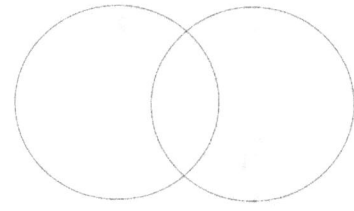

S. De la reconciliación entre cuerpo y alma, o para parafrasearte, de la dualidad entre espíritu y bestia.

A. Así es.

S. Entonces, esa visión debe unificar creativamente. ¿Y qué ideas contrapuestas podría conjugar?

A. Hay muchas que tú y yo podemos observar desde fuera, pero la verdad es que sólo los mexicanos pueden definirlas. Podríamos hablar de su afán de riqueza material por un lado y su inmenso sentido espiritual por el otro; de su cultura moderna y de sus tradiciones; del norte y del sur; de su deseo de competir en el mundo y de su xenofobia; de su lucha por la libertad y de su paternalismo; de su sentido artístico y de su neurosis; de su rebeldía y su autoritarismo e incluso, de sus fracasos y sus aciertos. Extremos que en su aparente conflicto consumen mucha energía, pero que al fundirse de manera paradójica, liberarían la energía contenida.

S. En su historia también hay muchos contrarios que reconciliar.

A. Por supuesto, pero lo que ahora importa es entender que la reconciliación sólo es viable hacia el futuro. Sólo en una visión positiva es posible sanar heridas y unir voluntades.

S. ¿Qué más debe incluir esta visión?

A. Tiene que incluir cosas tangibles: democracia, estabilidad económica, paz social, seguridad, oportunidades de educación para todos, trabajo, racionalidad ecológica, en fin, todo aquello que la sociedad mexicana anhela, todo aquello por lo que vive, sufre y goza.

S. ¿No podrá expresarse de una manera más sencilla, menos retórica?

A. Puede ser el deseo de ser un país competitivo, una país de calidad. Un país que pueda estar a la altura de los mejores. Eso es poderoso y se desdobla en mil acciones. Muchas conductas cambiarían. Habría energía positiva en lugar de desaliento y frustración. Cambiaría la educación, la política, la administración. Hablamos de una transformación profunda.

S. Entiendo que el gobierno ha hecho esfuerzos por redefinir el modelo económico. ¿No es parte de la formulación de una visión?

A. Es una estrategia de estabilidad porque la variación económica no hace ningún bien. No se puede invertir cuando la inflación es alta, los intereses son elevados y la moneda se devalúa. Hay que minimizar las sorpresas en la economía. La presente administración lograría mucho en heredar un entorno económico estable y para lograrlo, probablemente tendrá que mantener reglas de austeridad. Pero esto no es una visión positiva, es sólo una estrategia. Además, la austeridad provoca sacrificio y éste merece una explicación o mejor dicho, un sentido. No digo que se deseche como estrategia, sólo digo que no cumple con los requisitos de una visión poderosa.

S. ¿Quién será capaz de definirla?

A. Tiene que ser una visión consensada, acordada, emergente, no dictada por una sola facción o un solo líder que de nueva cuenta, deje fuera a un grupo de mexicanos. No debe contener demonios. Puede ser que aparezca de manera aparentemente intrascendente, puede ser una frase, puede ser un momento, puede ser una tragedia, pueden ser signos que ya existen pero que no se han visto por falta de sintonía o disposición. Por ello, hay que entrar a un periodo de contemplación activa, hay que buscarla, hay que anhelarla, hay que guardar silencio para poder escuchar. Todo ello, surge una vez que se hace consciente la necesidad de encontrar una visión positiva.

S. ¿Alguien debe excusarse de participar en el proceso?

A. No excluyo a nadie en el proceso, aunque mucho me temo que algunos pueden perderse por su ceguera de oficio. El planteamiento, no obstante, debe hacerse con modestia, fomentando la participación de la sociedad. No puede ser un dictado de los dioses desde el Olimpo. Es casi una sugerencia.

S. Es difícil encontrar políticos modestos.

A. Difícil, porque muchos son prisioneros de sus propios intereses. No están dispuestos a arriesgar, aunque su poder, en verdad, sólo sea una ilusión.

S. Nadie que esté dentro de los privilegios está dispuesto a arriesgar.

A. Digamos que están dentro del ojo del huracán, no escuchan los estertores del sistema. Por eso las ideas revolucionarias surgen de las culturas marginales. Urano fue descubierto por un astrónomo francés, pero a pesar de que lo observó en varias ocasiones nunca supo que se trataba de un nuevo planeta, nunca supo lo que había descubierto. Quien entendió el descubrimiento fue un músico inglés, Hershel, que en sus ratos libres observaba el cielo, alguien que no estaba dentro del paradigma del sistema solar existente y que por tanto, podía aceptar la idea de un planeta adicional.

S. ¿Qué hay de la visión de los guerrilleros y sus adeptos?

A. Es violenta, es excluyente, es destructiva, es dictatorial, es irreconciliable, es egoísta, lleva demasiados demonios en las entrañas. No es la visión que le dará sentido e identidad a este país.

S. Volvamos al punto de la identidad. Dame elementos.

A. La visión es una identidad porque le da sentido al pasado, al presente y al futuro. Un árbol es árbol porque lo quiere ser. Todos los días trabaja en ser árbol porque esa es su visión.

S. Y porque tiene un código genético que así lo confirma.

A. Porque en el código genético está el anhelo de ser árbol, está inmersa la identidad.

S. ¿Qué hay de su pasado?

A. En su pasado fue flor, semilla y retoño, pero su visión siempre fue la de convertirse en árbol. De igual manera, México no es un país que está en crisis, tampoco es un país que aspira a salir de la crisis, eso no es identidad, México es lo que quiere ser.

S. México es su historia y sus tradiciones, dirían los sociólogos e historiadores.

A. Eso es lo que ha sido, pero en cada pedazo de historia ha habido un anhelo hacia el futuro. Tú eres lo que quieres ser. Si quieres ser democracia desde hoy eres democracia, si quieres ser dictadura, desde hoy eres dictadura. Esa es la **intención** que debe acompañar a una visión porque la visión es la que crea la nueva realidad.

La física quántica nos dice que en el universo no hay una realidad sino un sinnúmero de posibilidades. La realidad se manifiesta cuando el observador intenta, cuando tiene una intención.

¿Quieren los mexicanos seguir intentando su rol de víctima, de fracaso, de conflicto, de desigualdad, de tropiezo o están dispuestos a intentar la concordia, la igualdad, la paz, la armonía?

Lo importante para México, entonces, es encontrar el impulso hacia el futuro, su nueva identidad y desde ese instante empezará a ser un nuevo México.

Diálogo IV: El Orden y el Caos

S. Pero hay restricciones.

A. Y hay estados o etapas. La semilla podrá encontrar tierra fértil o podrá encontrar arena, podrá encontrar lluvia o sequía, podrá encontrar invierno o primavera, pero en esa semilla hay una identidad de querer ser algo.

S. Es decir, que hay un diálogo entre identidad y entorno.

A. Por supuesto. Es un sistema abierto, no un sistema cerrado. Es un sistema que se alimenta del medio ambiente. Es un sistema orgánico, no un sistema mecánico que sufre de entropía.

S. ¿Entropía?

A. Entropía es la pérdida de energía en un sistema cerrado como lo son los sistemas mecánicos. Las máquinas se descomponen. En cambio los sistemas orgánicos se alimentan de la energía del medio ambiente. Es un error considerar a los sistemas administrativos y políticos como sistemas mecánicos que constantemente debemos arreglar.

S. ¡Pero los sistemas administrativos y políticos se descomponen!

A. Cuando son cerrados, cuando no están en contacto con su medio ambiente, cuando se crean barreras para no escuchar lo que sucede en la comunidad nacional e internacional.

S. ¿Qué pasa ante un cambio en el medio ambiente?

A. No se puede negar al entorno. Un árbol que no detecta que el verano ha terminado reventará ante la primer helada. Es una ilusión crear sistemas cerrados.

S. México se ha abierto a la competencia internacional.

A. Fue un paso importante que hubiera costado menos si se hubiese realizado hace treinta años, cuando el modelo de sustitución de importaciones llegó a sus propios límites. A finales de los años sesenta, era tiempo de abrirse al mundo interno y externo, pero el sistema cerró filas y se apalancó en el petróleo para mantener un sistema cerrado.

La ilusión de cerrar sistemas persiste por el afán humano de querer controlar todo lo que se sale de cauce, lo que no entiende, lo que no entra en su muy rígida y mecánica idea. Entonces emite reglas y forma estructuras jerárquicas y ante la desesperación o la inseguridad, cae en el autoritarismo, el terror y la represión. ¡Qué nadie baile a un ritmo diferente!

S. ¿Pero qué sugieres, vivir en caos?

A. Se ha confundido orden y control. Por ejemplo, el exceso de reglamentación no produce orden, por el contrario, provoca caos. Hasta hace muy poco, se empieza a comprender que el universo se ordena con unas cuantas leyes.

S. ¿Cómo cuáles?

A. Los expertos han descubierto que el universo se ordena con identidad, información y autonomía.

S. Ya hemos hablado de la identidad ¿pero cómo es que ayuda a ordenar?

A. Cuando todas las partes conocen la identidad del sistema, hacen sinergia hacia un objetivo común. La intención ordena. Sin embargo, voltea a ver las empresas y pregúntale a cualquiera por la identidad de la empresa. Muy pocos, quizá sólo algunos altos ejecutivos puedan definir el rumbo de la empresa. Algunos dirán que es la satisfacción del cliente, otros dirán que es la participación en el mercado, otros dirán que es la reducción de costos, otros hablaran de la supervivencia de sus puestos. En fin, tendrás una ensalada de respuestas confusa y caótica.

S. Y no faltará algún jefecillo que se queje de que sus subalternos no lo comprenden.

A. En efecto, un día les envía un mensaje de reducción de costos, otro día de expansión agresiva. Nadie lo entiende porque él mismo no sabe cuál es el rumbo, porque la empresa no ha definido su identidad.

S. ¿Y la información?

A. Una vez que hay identidad es importante que todas las partes tengan información relevante de lo que está sucediendo. Si las partes tienen información, pueden ordenarse. Pero si por el contrario, carecen de información, surgirá el caos porque todos actúan a ciegas. La información, además, no es de una sola vía, no es de arriba hacia abajo, la información debe fluir en todos los sentidos; un modesto operador puede detectar oportunidades estratégicas para la organización, pero si esta no ha creado espacios de libertad para que ese empleado se exprese, se desaprovecha el recurso más importante de cualquier sistema, la inteligencia.

S. Por último, la autonomía.

A. Sin autonomía las partes no pueden auto-regularse. ¿De qué sirve la identidad y la información si el empleado debe esperar turno a que la jerarquía se digne - con gran reticencia- atender su sugerencia de mejora? ¿De qué sirve que un guardabosque sepa que su identidad es proteger el bosque y que detecte un incipiente fuego, si no tiene autonomía para sofocarlo cuando apenas es una llamita?

S. Entonces, las reglas son pobres intentos de administrar un sistema.

A. La regulación va enfocada hacia el control, no hacia el orden. ¿Qué es lo que pretende controlar? ¿Qué es lo único que puede controlar? Las actividades.

S. Y olvidan los resultados.

A. Cuando lo verdaderamente relevante son los resultados. Cuando la mente humana está diseñada para buscar resultados.

S. Un sistema inhumano.

A. Un sistema que genera caos constantemente. Un sistema que a mayor afán de control, genera mayor caos y a mayor caos, genera mayor afán de control. Un circulo vicioso que a nadie deja satisfecho, excepto quizá, a sus cúpulas.

S. El control y el concepto equivocado del poder van de la mano. ¡Qué importa que la empresa vaya a pique si el director general es poderoso!

A. La empresa, el partido político, el gobierno, el sindicato, la escuela, el club social....

S. ¿Será esta la razón de las crisis constantes en México?

A. Pues hay mucho que decir al respecto, pero daño se hacen los mexicanos si pretenden seguir administrando por control y no por orden.

S. No podemos negar que en la última década ha habido avances importantes en materia de desregulación, por lo menos para fomentar la actividad empresarial.

A. Cierto, pero me preocupa que en algunos casos, aun se confunda la desregulación con la simplificación de trámites. Desregular es una acción mucho más profunda. El objetivo de la desregulación no es la eliminación de requisitos, sino de funciones. Es una manera de pensar radicalmente diferente pues obedece a nuevos paradigmas, como por ejemplo, el entender que la comunidad tiene una gran capacidad de autorregulación y que la regulación gubernamental debe ser una excepción, una medida extrema. Además, la desregulación no debe ser exclusiva para actividades empresariales, sino para todo tipo de actividades pues todas contribuyen a la productividad de un país.

S. Desregular implica desaparecer estructuras, despedir empleados.

A. Eso es otro obstáculo que el político debe afrontar, sin embargo, si la visión de un país de calidad es clara, no hay duda que el daño de seguir controlando actividades es mayor al daño que provoca el desempleo de algunos burócratas. La visión ayuda a soportar el sacrificio y a liberar energía que seguramente creará nuevos empleos.

S. ¿Hay algún punto medio, algún equilibrio en la cantidad de leyes o reglas que deban existir en una comunidad o en una organización?

A. Es imposible determinarlo en abstracto, pero las reglas deben cuestionarse constantemente. Esta regla ¿es útil para cumplir la visión? ¿Qué sucede si no existe? ¿Qué efectos causa al existir? ¿No hay otra manera más inteligente de obtener el resultado? ¿Realmente habrá caos si la desaparecemos? El equilibrio es fino y es muy dinámico y es parte de abrir un sistema que se encuentra en constante comunicación con su entorno.

Siempre que surja la necesidad de crear una regla hay que ver si estamos respetando las leyes universales: ¿Hay una visión compartida por todos sus miembros? ¿La información fluye con libertad? ¿Hay autonomía para actuar conforme a la identidad y a la información? Eso es más poderoso que cualquier norma porque el vacío normativo, contrariamente a lo que pudiera suponerse, se substituye con la disciplina activa, con la responsabilidad, con el compromiso de sus miembros y por ende, con autocontrol.

S. ¿Qué me dices de esta tradición latinoamericana de incumplimiento de leyes?

A. Es muy fácil caer en la ilusión de pensar que la realidad se puede transformar con normas. Los sistemas son más complejos. El fracaso surge al no poder cumplir con la ley, porque naturalmente, la realidad resulta ser más terca que el ideal del legislador. La comunidad entiende que las leyes están hechas para quebrantarse y se pierde la fe en los sistemas legales.

S. Surge la corrupción.

Dialogo V: Corrupción y Desconfianza

A. La corrupción es un síntoma de la ineficiencia. La corrupción es producto del exceso de normas, es la entropía del sistema mecánico, es el heroísmo del pillo. Si la autoridad de la empresa o del país, me exige una serie de reglas absurdas, buscaré la manera de quebrantarlas para poder funcionar. Ese tipo de corrupción casi diría que es sana, pues devuelve humanidad al sistema. Es el juego del burlador burlado.

S. Pero ¿qué hay de la corrupción de los líderes?

A. La corrupción de los grandes pillos es parte del autoritarismo de los sistemas. Los de arriba tienen tanto poder que abusan de él.

S. La democracia corrige este punto.

A. La democracia ayuda pero no garantiza. ¿Has visto la corrupción que impera a pesar de un cambio de partido? La democracia debe complementarse con sistemas de rendición de cuentas a la comunidad. Información relevante, clara, oportuna, sistemática. El público debe estar informado de lo que sucede en el gobierno, al igual que los accionistas de una empresa.

S. En que se usó y cómo se uso el dinero.

A. Y sobretodo, qué se logró con ese dinero, porque puedo respetar todas las normas de uso sin lograr ningún resultado. Los gobiernos deben de informar a la comunidad sobre sus proyectos y sobre el resultado de los mismos. Sin embargo, los informes que se dan son sobre actividades, no sobre resultados. Lo que a la comunidad quiere saber no es el número de patrullas que se adquirieron o la cantidad de policías que vigilan la ciudad, quiere saber cuál es el nivel de delincuencia que existe, cuál es la tendencia, cómo se compara con otras ciudades y cuál es el compromiso para abatirlo. Finalmente, quiere saber si se cumplió con la meta o porqué no se cumplió. La sociedad no quiere saber cuántas escuelas se han construido, desea conocer si la cantidad de escuelas es suficiente; más importante aun, quiere entender cómo se compara el nivel educativo de sus hijos con el resto del mundo.

S. Demasiado riesgo para los políticos.

A. Es más riesgoso no hacerlo porque eso es lo que espera la comunidad. Quizá constituye un riesgo para el político que colocó a un amigo como jefe de la policía en lugar de un profesional.

S. ¿En México no existe un cuerpo profesional de administradores públicos como en otros países?

A. No, aquí los políticos nombran y remueven funcionarios a su antojo, pero ese es un tema que merece analizarse más adelante. Lo que sí me anticipo a decirte, es que mientras este país no cuente con administradores profesionales, difícilmente podremos ver calidad en el gobierno.

S. Sin embargo, el problema es que para rendir cuentas claras, primero hay que tenerlas y la mayoría de los gobiernos no las tienen.

A. Es cierto. No han hecho un buen ejercicio de planeación, no han definido la estrategia de largo plazo, no tienen indicadores relevantes, ni han concretado los proyectos del presente año. A lo más que llegan es a medir actividades. No tienen sistemas de información en tiempo real que les indiquen cómo van las finanzas y cómo van los resultados. No hay responsables por proyecto. No hay un sistema eficiente de asignación presupuestal por utilidad social de proyectos, no hay un sistema de costeo que permita saber la erogación por actividad y por último, no existen sistemas de administración presupuestal. ¿Has leído al algún programa gubernamental? Está lleno de filosofía y buenas intenciones pero no contiene indicadores y metas. Es un extenso bla, bla, bla.

S. No es casualidad entonces, que el político no quiera informar a la comunidad, la verdad es que ¡no tiene la información!

A. Pero se puede obtener. Países avanzados como Australia, Nueva Zelanda y Reino Unido tienen sistemas de planeación, presupuestación y administración eficientes con los que informan periódicamente a la comunidad. Pequeños folletos con cifras relevantes que la comunidad entiende y que puede exigir. Eso es lo que llaman "accountability" que en castellano es algo así como rendición de cuentas ante la comunidad.

S. ¿No te parece muy significativo que ese término no exista en castellano? ¿Es una tradición anglosajona que no embona en la cultura latina?

A. Pregunta a los mexicanos si quieren un gobierno que rinda cuentas con claridad y obtendrás una respuesta contundente.

S. Se me ocurre que además, el político tendría elementos para saber cómo va su administración y anticiparse a las crisis, en lugar de ser sorprendido constantemente por los medios de comunicación.

A. Por supuesto, pero eso es algo que la mayoría de los políticos mexicanos aun no comprenden. Hay que educar a los políticos, todo mundo merece una oportunidad.

S. Mmmmm.... ¿Sería posible corregir la corrupción con sistemas más rígidos de control?

A. Difícilmente, pues los sistemas de control logran un resultado inverso. A mayores controles, mayor corrupción, a mayor corrupción mayores controles. Es un sistema de desconfianza que acaba probando su propia hipótesis que considera a todos deshonestos. Es el famoso efecto pigmalión: yo me convierto en lo que tú me consideras. Aunque algunos autores lo explicarían como un ciclo reforzador, en donde lo que quieres evitar es precisamente lo que provocas.

Por ejemplo, ¿has visto la tremenda ineficiencia que se causa con las actuales leyes de compras en gobierno? Algunos expertos internacionales consideran que la ley de adquisiciones y de obras públicas es un freno al desarrollo económico de México pues si lograr la venta es difícil, cobrar es prácticamente imposible. El gobierno se dedica a comprar caro, malo y a destiempo, y en el proceso, quiebra a sus proveedores. Países más avanzados incluso han desistido de comprar activos para el gobierno y en lugar de ello, rentan todo aquello que necesitan: autos, oficinas, muebles de oficina, computadoras, etc. Eso les permite dedicarse a lo sustantivo en lugar de distraerse con procesos de apoyo.

S. ¿Qué propones?

A. Un sistema de responsabilidad, no de desconfianza. Los sistemas tradicionales de administración están basados en la desconfianza y por lo tanto, se centralizan. Pretenden controlar hasta el mínimo detalle de la operación. Son costosos e ineficientes. Pero además, crean procesos complejos que no agregan ningún valor a los resultados. ¿Has visto la cantidad de pasos que hay que seguir en un trámite sin ningún beneficio: firmas, sellos, autorizaciones, etc.? Toda una maraña administrativa sin resultados. Todo el día el empleado es bombardeado con mensajes de desconfianza e ineficiencia, resultado: autoestima por los suelos y mal trato para los clientes. Los empleados viven en crisis, ya no saben lo que sucede, ya no saben qué hacer para mejorar su existencia.

S. ¿Se puede tener confianza en los empleados aun siendo empleados de gobierno?

A. Del total de empleados, se considera que sólo el 5% realmente es ineficiente y que sólo el 1% es corrupto. Ese porcentaje es igual para cualquier organización, sea privada o pública. A los corruptos hay que sancionarlos y a los ineficientes hay que despedirlos, pero el restante 95% son seres humanos con deseos de ganarse la vida productiva y honestamente. El problema radica en que creamos sistemas administrativos para la excepción, para combatir a este pequeño porcentaje de corruptos y les complicamos la existencia a todos, con exceso de controles. En esa confusión, ni sancionamos a los corruptos, ni despedimos a los ineficientes, ni dejamos trabajar a los honestos.

S. ¿Que opinarán de todo ello los burócratas?

A. Los burócratas están hartos del sistema actual que los trata como menores de edad con antecedentes penales. Por una parte, el sistema los tiene esclavizados; trabajan arduamente hasta altas horas de la noche esperando el último capricho de los políticos o la última crisis del sistema. Por la otra, logran muy pobres resultados pues, de nueva cuenta, aunque el empleado sea listo, el sistema es tonto y por desgracia, el sistema siempre gana. Pero además, se les hostiga constantemente con mensajes de desconfianza. Por último, en cualquier momento pueden ser despedidos, desprestigiados o acusados por cualquier infracción menor. Peor aun, al servidor público se le hace cómplice desde el principio, pues la forma de pago es poco transparente. Al público sólo se le informa el sueldo nominal, pero al empleado se le dan compensaciones y bonos para mejorarle su sueldo. Obviamente, los vecinos creen que el empleado es corrupto pues no entienden como puede gastar más de lo que públicamente obtiene.

S. La sociedad tiene mala impresión de los burócratas. Los considera flojos y corruptos.

A. Esa es la tragedia de la burocracia mexicana. El 95% paga por el abuso de poder o la ineficiencia del 5%. Trabajan arduamente hasta altas horas de la noche, a veces en el fin de semana, sacrifican familia y salud, pero como las áreas de atención al público no abren sus oficinas conforme a las necesidades de la población, como hay exceso de trámites, como al burócrata no se le permite dar un buen servicio, el ciudadano piensa que el burócrata no trabaja. Es un sistema perverso que denigra al ser humano.

S. ¿Por qué trabajan tanto?

A. Porque el sistema no funciona. Los sistemas ineficientes esclavizan a sus empleados. En lugar de que el estrés sea para el sistema, es para las personas. Muchas horas de trabajo sin valor y muy pocos resultados. En ese contexto, el que trabaja mucho se vuelve un héroe, en lugar de pensar en sentido contrario: Si tengo que trabajar tantas horas es porque algo anda mal. Las organizaciones más eficientes corren a los empleados que trabajan más horas de lo que la jornada indica. "Oye, anoche vi tu oficina prendida, ¿qué está pasando? ¿No puedes resolver los problemas?" Saben que la persona debe balancear su vida para ser productivo y que quien trabaja muchas horas no trabaja con la cabeza.

S. Pero en México esto es al revés, por cierto, no sólo en las oficinas públicas, también es común observarlo en las empresas privadas. ¿Ese es el heroísmo equivocado que mencionas?

A. En efecto, irse a tiempo es mal visto. Quieren envolverse en la bandera nacional y ofrendar su vida, pero eso es atacar síntomas, no causas. Irse antes que el jefe es uno de los pecados capitales.

S. Pero ¿no lograría más este país si el gobierno sincronizara sus horarios con la iniciativa privada y en el caso de servicios al público, con las necesidades de los clientes?

A. Por supuesto ¿y sabes quienes serían los más felices?

S. Los ciudadanos.

A. No, los propios servidores públicos. La mayoría, la inmensa mayoría prefiere llegar temprano, tomarse sólo una hora para comer, en lugar de 3, e irse temprano a su casa, practicar deporte, al cine o a conversar con sus hijos para quitarles la cara de huérfanos. ¿Y qué pasaría con un horario razonable? Los burócratas tendrían que ser más productivos.

S. Si es algo tan lógico y tan deseado ¿ por qué no se ha hecho?

A. Porque no le dedican tiempo a eficientar el sistema. En lugar de detenerse a afilar el hacha, siguen cortando troncos como autómatas con un filo cada día más mellado. Y cada día requieren más horas para cortar la misma cantidad de troncos.

S. Pero esa no es una decisión que el empleado pueda tomar por sí solo. Corre el riesgo de ser despedido.

A. Por eso tiene que ser una decisión de los niveles directivos, del propio Presidente de la República.

S. Habría grandes ahorros de energía eléctrica.

A. Más que eso, habría un gobierno que trabaja como el resto de la sociedad y que estaría obligado a la eficiencia. Suena sencillo, quizá hasta simple, pero nadie lo ha hecho. Todavía impera el falso heroísmo de cortar troncos sin afilar el hacha.

S. A veces, los pequeños cambios son los signos necesarios para realizar cambios mayores.

A. México requiere entender que la administración por responsabilidad es sumamente efectiva.

S. Pero ¿no correría el riesgo de que los administradores abusaran de la confianza?

A. El 5% siempre abusará de la confianza con ineficiencia o corrupción, pero el 95% tendría oportunidad de trabajar en un sistema inteligente.

Diálogo VI: Un Sistema Inteligente

S. ¿Qué es un sistema inteligente, a qué te refieres?

A. Es un sistema humano. Con ello, quiero decir que es un sistema que está diseñado para humanos; que toma en cuenta la manera como el ser humano piensa y siente.

S. ¿Cómo piensa el ser humano?

A. Como dije antes: el ser humano está diseñado para resolver problemas o mejor aun, para evitarlos. En eso consiste la evolución del hombre. Eso es aprendizaje y desarrollo.

S. ¿No es eso lo que el gobierno o la empresa privada anhelan, la eficiencia, cómo hacer más con menos?

A. Sí pero no lo ponen en práctica. La desconfianza, el centralismo, la jerarquía, el exceso de normas y el control de actividades fulminan el cerebro humano, lo dejan inerme, lo aprisionan y lo convierten en un animal salvaje en cautiverio.

S. ¿Existen organizaciones que trabajen en un ambiente de responsabilidad?

A. Por supuesto y la energía que se genera es fuertísima, porque lo natural en el hombre es trabajar en equipo y porque la mente colectiva es más poderosa que la mente individual.

S. Conozco mentes colectivas que funcionan en sentido contrario.

A. Sí, pero son masas amorfas como las de un mitin o los espectadores de un partido de fútbol que sufren una regresión hacia sus necesidades primitivas. De lo que hablo es de estructuras organizadas, creadas por la inteligencia humana para generar más conocimiento: una empresa, un salón de clase, una familia.

S. Hablas de la energía.

A. Sí, hasta hace muy poco se ha estudiado el efecto de la energía en las organizaciones. Al entrar a una oficina que trabaje en administración tradicional, se percibe una nube gris que flota pesadamente en el ambiente, incluso, hay quienes sienten malestar, pesadez y hasta náuseas.

S. ¿Hablas en serio?

A. Por supuesto, hablo muy en serio. Son ambientes que extraen energía de los individuos y por tanto los dejan drenados, vacíos, exhaustos. El lunes llegan energizados, el viernes ya no saben ni como se llaman. Hay intrigas por todas partes, hay juegos sucios, es una guerra. La mayoría de los individuos aprende a defenderse de esta extracción sutil con aislamiento, cinismo o exceso de cortesía.

S. ¿Quién aprovecha esa energía?

A. Quienquiera que veas con carácter jovial, acelerado, queriendo trabajar 20 horas al día. Observa a los jefes y verás que algunos están de pláceme con lo que ocurre, con la humillación de los subalternos, con las normas que generan, con las autorizaciones que deben dar... con el temor de los demás.

S. Hay jefes en todos los niveles.

A. Sí, y muchos actúan como carceleros; es un intercambio constante pero la mayor parte va a dar a la cúspide de la jerarquía. La energía es manipulada con fines personales.

S. Y ¿qué pasa en organizaciones inteligentes?

A. La energía es para todos. El sistema crea energía positiva. Esa abundancia es generada por todos y es utilizada por todos. Hasta el empleado más modesto está cargado de energía positiva. No hay temor y por tanto, no hay alimento para lo negativo.

S. ¿Cómo transformas un sistema de energía negativa a un sistema de energía positiva?

A. Permitiendo el libre flujo de la inteligencia y de los sentimientos.

S. Esa libertad puede ser caótica.

A. No cuando existe una visión compartida y las reglas del juego son claras.

S. ¿Como cuáles?

A. Como el afán de construir, como el respeto.

S. Esto de la reingeniería de procesos va enfocado a construir sistemas inteligentes.

A. El problema con algunas técnicas de mejora administrativa como la reingeniería, es como se aplican: Pretender la eficiencia de los procesos sin tener en cuenta la energía del sistema es perjudicial. Se hacen cambios desde la jerarquía, se despide al personal, se desvirtúa el cambio y la supuesta eficiencia del sistema se vuelca en contra del ser humano. A la larga, los resultados son funestos tanto para los individuos como para el sistema.

S. Generan más temor.

A. Y el temor es el alimento de la energía negativa.

S. ¿El cambio debe ser de todos?

A. No todos tienen la misma disposición al cambio y hay quienes prefieren lo conocido, por más malo que sea, a la aventura.

S. Es temor al cambio.

A. Sí pero es un temor consciente, está a la vista, es manejable por la inteligencia. De hecho, reconocerlo es el primer paso para aprovechar la inteligencia de todos. El líder puede enviar el siguiente mensaje a la organización: "Estamos en una situación difícil, sabemos que deseamos algo mejor para nosotros y para la organización, no sabemos cómo hacerlo, pero entre todos creo que podemos lograrlo".

S. Un diálogo entre adultos.

A. El sistema empieza a crear una visión positiva, le da información a todos y les da autonomía para empezar a experimentar, y eso es muy poderoso, porque el ser humano está capacitado para transformar su realidad. En ese momento se empieza a sustituir el conformismo por el compromiso. ¿Tu crees que un burócrata privado o público se levanta en la mañana con enormes deseos de ir a su trabajo?

S. No lo he observado.

A. ¡Por supuesto que no! Tiene que ir a su jaula a recibir malos tratos.

S. ¿No será un problema de sueldos?

A. El poder de transformación es una motivación increíblemente poderosa. Yo puedo apostarte que la mayoría está dispuesta a reducir sus ingresos a cambio del poder de mejorar la realidad, a cambio de la aventura de salir de la jaula, a cambio del poder de utilizar sus recursos emocionales e intelectuales.

S. Puede ser... ¿pero eso es todo? No debe haber herramientas para lograrlo.

A. La herramienta más poderosa ya la tienen y se llama pensamiento sistémico. El cerebro humano es sistémico por naturaleza.

S. ¿Sistémico?

A. El nombre es lo de menos, lo importante es el funcionamiento. Pensamiento sistémico es entender cómo funciona un sistema, cómo se relacionan los objetivos, los resultados, los insumos y los procesos. Es entender la complejidad. Por ejemplo, todos actuamos buscando alcanzar un objetivo. No realizamos ninguna actividad sin tener claro el objetivo.

S. Freud diría que hay objetivos inconscientes.

A. Y Jung hablaría de las sombras a las que nos hemos referido, pero por ahora concentrémonos en los objetivos conscientes. Por ejemplo, nadie se sube al auto con su familia y empieza a dar vueltas por la ciudad para ver a donde va de vacaciones.

S. Su familia le reclamaría.

A. En efecto. La familia tiene un objetivo claro de hacia dónde quiere ir.

S. ¿Qué más?

A. Para lograr su objetivo se toman en cuenta los insumos.

S. Dinero, automóvil, tarjeta de crédito….

A. Esos insumos se transforman a través de procesos, para alcanzar el objetivo.

S. Se revisa la ruta, se llena el tanque de gasolina, etc.

A. Lo importante es que los insumos y los procesos logren el objetivo o en términos más técnicos, que agreguen valor.

S. Que agreguen valor al resultado, pero ¿qué pasa con el resultado?

A. Cuando se obtiene el resultado, de manera natural se compara con el objetivo.

S. ¿Y?

A. Generalmente no coinciden.

S. Una discrepancia, como siempre las hay en la vida.

A. Esa comparación, esa discrepancia, genera una necesidad.

S. ¿De qué?

A. De regresar.

S. ¿Hacia dónde?

A. De revisar qué sucede con los insumos y con los procesos. La mente regresa a revisar si los insumos son suficientes o para verificar si las actividades son adecuadas.

S. ¿Se pueden cuestionar los objetivos?

A. Por supuesto, la mente también reconsidera los objetivos y en dado caso, los replantea.

S. Eso es un ciclo continuo de mejora.

A. Que la mente humana realiza de manera natural. Los agricultores saben bien de eso. El pensamiento es circular o mejor dicho espiral.

S. Si es tan natural, entonces ¿cuál es el problema?

A. El problema es que las organizaciones complejas no utilizan el pensamiento sistémico. Los objetivos no siempre son claros. A veces tienen objetivos pero no han diseñado indicadores para medir la discrepancia entre el objetivo y el resultado. Cuando no hay indicadores, entonces tampoco hay metas. En el mismo ejemplo, el objetivo de la familia es llegar rápidamente a su destino. Para ello, se utiliza el indicador del tiempo, y con ello, se fija la meta de llegar en determinado número de horas.

S. Primero objetivo, luego indicador, luego meta. En este caso también se puede fijar el objetivo de llegar con seguridad ¿no es cierto? ¿cómo se mide?

A. Puedo medirse por la ausencia de accidentes o conatos de accidente, pero en este caso, también debe complementarse con objetivos intermedios como haber revisado mecánicamente el automóvil, tener un buen descanso la noche anterior, mantener bajo el nivel de distracciones, manejar de día, respetar el límite de velocidad y respetar la distancia entre automóviles, entre otras. Es decir, se cuida el proceso y los insumos para obtener el resultado deseado.

S. ¿Qué pasa si empieza a lloviznar?

A. De inmediato se hacen ajustes conforme al objetivo de seguridad, incluso en contrapartida al objetivo de rapidez.

S. Entonces ¿algo que es tan natural al hombre como el pensamiento sistémico no se realiza en las organizaciones complejas como el gobierno o las grandes empresas?

A. Por eso surgió el movimiento de calidad. Se descubrió que en la administración tradicional todos se perdían en pequeñas actividades sin objetivo.

S. Se supone que los directivos conocen los objetivos y que los difunden entre todos los miembros de la organización.

A. Eso no es tan fácil como parece, salvo que sea una pequeña organización. Muchos directivos olvidan su papel estratégico en donde deben imaginarse el futuro. Además, los procesos están tan fragmentados que aun teniendo objetivos claros, las diferentes partes de la organización compiten entre sí en lugar de trabajar armónicamente en favor del objetivo.

S. ¿El nivel directivo debe estar en el futuro?

A. Sí, pero generalmente se pierde en tareas operativas, e incluso llega a competir con la operación.

S. ¿A Competir?

A. Significa que el ejecutivo se mete a los detalles de la operación y se dedica a mandar señales encontradas que desquician los procesos. Pero su papel no es ese, debe dedicar más del 80% de su tiempo a lo estratégico y sólo un 20% a lo rutinario. Si está todo el tiempo en lo operativo, es porque o se energiza dando órdenes o realmente el sistema no funciona.

S. Eso es muy común entre políticos; les fascina estar en los incendios, en las catástrofes, dando órdenes y contraórdenes.

A. Si lo hace por imagen y en pequeña proporción, el mal no es tan grave, pero si realmente se creen - por megalomanía- que están resolviendo los problemas, entonces la situación es crítica.

S. ¿No es útil un líder en esos momentos?

A. Puede ser que brinde una esperanza a la población, puede ser que motive a los empleados a trabajar más, puede ser que focalice al sistema en resolver la crisis, puede ser que se vacune contra los medios de comunicación, pero si no entiende cómo funciona el sistema, puede empeorar tremendamente las cosas al creer que es el experto en esos momentos, al no escuchar a su personal, al no entender que los procesos tienen una variación normal.

S. Los políticos se fascinan con la actividad.

A. Ese es el problema, reaccionan a todo evento como si fuera un evento especial sin entender que el proceso tiene una variación inherente. Las gráficas de control son una herramienta de calidad para entender este fenómeno. Si el evento está dentro de los límites de control (un límite estadístico), se trata de una causa común, algo que se presenta normalmente de acuerdo al proceso. Si el evento rebasa los límites, entonces sí estamos frente a una causa especial.

S. ¿Cuál es la diferencia?

A. Pensemos en la criminalidad. Cada ciudad tiene un promedio de robos. Sin embargo, hay meses en que se incrementan los robos y meses en que el índice es menor al promedio. Por ejemplo, en períodos vacacionales, generalmente se incrementan los robos a casas porque los domicilios están vacíos y surge una oportunidad. Esas variaciones son normales.

S. ¿Normales?

A. Normales o comunes de acuerdo a la estadística. Si se gráfica el índice de robos, se observará que en ningún momento se rebasan los límites estadísticos. No hay nada fuera de lo común en el proceso. Caso contrario sería si se presenta una crisis económica que aumenta el desempleo, o se presentan disturbios por un apagón, como sucedió en Nueva York o por un fallo controvertido del sistema judicial, como sucedió en Los Ángeles. Ese mes, los robos se incrementaron a tal grado que rebasaron los límites estadísticos.

S. ¿Hacia donde vas?

A. A que un político no entiende esta simple diferencia.

S. ¿Y?

A. Reacciona a toda variación como si fuera especial, como si requiriera una acción extraordinaria.

S. ¿Y?

A. Le provoca más variación al proceso. Se convierte en un agente negativo que atrofia al sistema con su hiperactividad. Hace declaraciones a los medios de comunicación, traslada policías de un barrio hacia otro, amenaza al personal....

S. Y no logra cambiar nada.

A. Mejor dicho, empeora las cosas.

S. Entonces, ¿qué debe hacer?

A. Para reducir el índice de robos, es necesario penetrar en las causas comunes del delito: Marginación, presencia policíaca, capacidad policíaca de respuesta, nivel de desempleo, sistema judicial, sistema penitenciario, etc.

S. ¿Todo eso?

A. Todo eso y más, pues debemos entender que en procesos complejos los resultados no están cercanos a sus causas.

S. Las apariencias engañan.

A. Sí, por ejemplo: Lo aparente es que para mejorar la educación se requieren más escuelas, o que para proteger los bosques se requieren más bomberos, o que para reducir la contaminación se requiere parar los autos, o que para evitar el crecimiento de la ciudad se requiere detener los permisos de construcción.

S. ¿Entonces?

A. Entonces debemos ahondar en las verdaderas causas de los problemas y eso requiere de conocimiento profundo y eso va en contra de la impaciencia de los políticos que siempre están buscando hacer una declaración espectacular.

Diálogo VII: Administradores Profesionales

S. ¿Qué se puede hacer en México?

A. Contar con profesionales que sepan administrar con calidad y dejarlos trabajar sin temor a ser removidos por los caprichos de quienes nada entienden de cómo funciona un sistema.

S. ¿Los burócratas entienden de calidad?.

A. En México no se les ha dado la oportunidad. Se dedican muy pocos recursos a la capacitación del personal, en promedio, menos de un 1% del costo de la nómina. En los países avanzados, la inversión en capacitación es 7 a 8 veces mayor. Y si lo vemos por tiempo, el promedio anual dedicado a la capacitación es de unos cuantos minutos.

S. ¿Y en los países de primer mundo?

A. Todo empleado requiere un mínimo de cuarenta horas anuales de capacitación. Son dos semanas por año.

S. ¿Así de fácil?

A. No tan fácilmente, pues además hay que ver que en México los pocos recursos se distribuyen inequitativamente. Para los de arriba unas cuantas maestrías o doctorados, para los de abajo, los cursos tradicionales de mecanografía.

S. ¿Qué propones?

A. Hay todo un mundo de herramientas de calidad que pueden enseñarse en unas cuantas horas, de manera práctica y que deben ser entendidas por todos. No hay tiempo para lo académico, la capacitación debe estar dirigida a mejorar las habilidades técnicas y administrativas de los empleados. Propongo que todo gobierno cuente con centros de capacitación.

S. ¿No existen?

A. Hay muy pocos y de ellos, algunos son demasiado académicos o son demasiado pedestres.

S. ¿Qué hay de malo con lo académico?

A. No todos los seres humanos tienen la habilidad para pasar de lo abstracto a lo concreto, por ello, no es útil atiborrar a los empleados con conocimientos teóricos. El empleado está urgido de herramientas prácticas para resolver problemas de inmediato. Los talleres deben ser breves, de unas cuantas horas y con ejercicios prácticos.

S. ¿Qué hay de malo con los cursos tradicionales?

A. No tengo nada contra la mecanografía pero sinceramente, el país está urgido de servidores públicos que sepan administrar aunque sean lentos para escribir. Hay casos graves en que los recursos se destinan a clases de idiomas. Tampoco tengo nada en contra de los idiomas, sobretodo si el trabajo lo requiere, pero el primer idioma que deben dominar es el administrativo.

S. ¿Pero qué pasa con los valores? Algunos piensan que eso es lo relevante.

A. Los valores van inmersos en la herramienta. Si sólo se insiste en los valores y no se otorgan herramientas para cambiar el sistema de acuerdo a esos nuevos valores, nada cambia y lo único que se genera es una mayor brecha entre la expectativa y la realidad.

S. Una tremenda frustración.

A. Insisto, debe haber congruencia entre los valores, los sistemas y las herramientas. Por ello, hay que dedicarle más recursos a la capacitación y hacer énfasis en la capacitación masiva, práctica y enfocada a fortalecer las habilidades administrativas.

S. ¿Hay más motivos para frustrarse dentro del gobierno mexicano?

A. No ser promovido de acuerdo a los méritos y los conocimientos.

S. Volvemos al problema de la falta de seguridad para el burócrata; puede ser removido a discreción por el político en turno.

A. Hay que agachar cabeza y aguantar caprichos.

S. Un régimen de terror.

A. Un régimen que desaprovecha la inteligencia, el conocimiento y la energía.

S. ¿Pero no se corre el riesgo de que los burócratas se vuelvan insolentes e ineficientes por inamovilidad?

A. El objetivo no es crear inamovilidad, sino por el contrario, condicionar la permanencia y el ascenso a los méritos, si no hay méritos, no hay ascenso. Si hay faltas, hay sanciones, y si las faltas son graves, entonces hay despido.

S. ¿Por qué no se ha hecho en México?

A. Por temor.

S. ¿No habrá resistencia de los propios servidores públicos?

A. El servidor público está cansado del sistema actual, sería el primero en aceptar ser valuado de acuerdo a criterios objetivos, para poder hacer una carrera dentro del servicio público y retirarse con dignidad.

S. Entonces, la calidad administrativa significa un beneficio para los servidores públicos.

A. Es más que eso, pues implica una transferencia de poder de los puestos políticos hacia los administrativos y eso inquieta a muchos.

S. ¿Qué hay de los sindicalizados?

A. El sindicalizado ya tiene seguridad en el empleo, pero en cambio, recibe un sueldo muy bajo.

S. ¿Estarán dispuestos a cambiar su régimen?

A. Por lo menos hay que explorar la posibilidad, hay que incluirlos en la discusión. Son tan adultos como cualquier otro ser humano.

S. El mito existente es que los sindicatos son el principal obstáculo para cualquier reforma administrativa.

A. La verdad es que la resistencia al cambio, en cualquier organización, sea pública o privada, rara vez se ubica en los niveles operativos. Generalmente se ubica en quienes detentan poder y se sienten amenazados por todo lo que huela a transformación.

S. ¿Culpas a los políticos?

A. Debemos diferenciar entre un político y quien detenta un puesto político. El auténtico político entiende la reforma administrativa con rapidez y generalmente, está dispuesto a ponerla en práctica. Su sensibilidad le dice que esa puede ser una buena manera de dar resultados y mejorar su imagen ante la población. Caso diferente es el de los altos funcionarios que ocupan puestos políticos, es decir que pueden ser nombrados y removidos por el jefe del ejecutivo.

S. En México todos pueden ser removidos por el Presidente.

A. Ese es justamente el problema pues se pierde el conocimiento. En países más avanzados quien pertenece al servicio civil sólo puede ser removido por causas graves y sólo puede ser promovido por méritos. El jefe del ejecutivo sólo puede hacer cambios menores en su gabinete. A la vez, los secretarios, sólo pueden cambiar a algunos de sus subsecretarios, no a todos. Por lo general, se distingue entre puestos técnicos y puestos políticos y los primeros son inamovibles por voluntad del secretario. Por tanto, cuando hay un cambio de partido, se renuevan sólo los puestos políticos. Eso asegura la continuidad en la mayoría de los programas.

S. Es un cambio de énfasis en ciertas políticas, no de programas.

A. Un poco de sangre nueva, en lugar de un gran caos administrativo.

Diálogo VIII Los Nuevo Paradigmas

S. México está viviendo una democracia que nunca había experimentado. Por primera vez, tiene un Congreso plural. Sin embargo, eso no es garantía de cambio positivo.

A. La democracia no asegura la eficiencia.

S. Por lo menos hay más discusiones, pero no necesariamente buenas ideas. No todos entienden el momento, mucho menos el futuro, y no pocos de los nuevos actores se pierden en lo que antes habían criticado como el deseo de brillar ante los medios.

A. Creo que en el fondo, de lo que hablamos es de un cambio paradigmático. El mundo ha cambiado radicalmente, pero no todos entienden ese nuevo mundo. Los antiguos paradigmas, las reglas del conocimiento que eran útiles para captar la realidad e influir en ella, hoy son inservibles.

S. Es decir que quienes viven en la antigua concepción ¿pretenden entender el mundo con las mismas ideas, sin ver que el mundo ha cambiado?

A. En efecto.

S. Vamos por pasos ¿cuáles son los nuevos paradigmas?

A. Competencia, en lugar de protección; cambio en lugar de estabilidad; riqueza en el conocimiento, en lugar de riqueza en los activos fijos; orden, en lugar de control; diversidad, en lugar de uniformidad; individuo, en lugar de masas; regionalismo, en lugar de nacionalismo;

globalización, en lugar de soberanía; ecología, antes que economía; espiritualidad en lugar de religión; empatía entre física y metafísica...

S. Por nombrar sólo algunos.

A. Sólo algunos.

S. Ahora bien ¿qué pasa con quienes pretenden entender la realidad pensando que la solución está en eliminar la competencia, que no debe haber cambio y que todo se puede controlar? ¿Qué pasa con quienes viven en los antiguos paradigmas?

A. Sufren tremendamente pues sus antiguos bifocales pretenden ver lo que ya no existe.

S. ¿Hay manera de detectar a estos defensores del pasado?

A. Sí, observa quien parece bombero sin agua y verás a quien vive en el pasado. Se ven angustiados, desesperados, perdidos. Las crisis les estallan una tras otra, no tienen tiempo para nada, su discurso es reactivo, no hay propuestas, sólo defensa ante lo que ellos consideran un ataque. Observa sus caras y en todas veras la desesperación ante el colapso de un sistema.

S. Desesperación porque pierden privilegios.

A. Desesperación porque van dentro del sarcófago.

S. ¿Qué pasa con los que sí entienden la nueva realidad?

A. Quienes entienden la nueva realidad, en cambio, ya están en el futuro. Están frescos, tienen tiempo para pensar, son propositivos y están tranquilos, tienen ideas.

S. ¿Hay de estos en la política?

A. Por supuesto, quizá son pocos en estos momentos, pero sí los hay. Como también los hay en las empresas, en los sindicatos, en la educación.

S. ¿No corren riesgos?

A. A veces se adelantan demasiado al futuro y la sociedad no los comprende, a veces son atacados por sus mismos compañeros de partido, de empresa o de profesión.

S. Son pioneros.

A. Y como pioneros, son diferentes y eso es algo que los demás no siempre perdonan pues se sienten amenazados.

A. Pero están dispuestos a correr riesgos.

S. Algunos sí, otros no. Sin embargo, tienen una fuerza muy poderosa que es el entendimiento de la nueva realidad; no hay nada más poderoso que las ideas, sobretodo cuando hay sincronía con una nueva conciencia colectiva, con una tendencia emergente.

A. Dice Joel Barker que los nuevos paradigmas siempre surgen antes de que el antiguo paradigma haya dejado de ser útil, o cuando menos, popular.

S. Por ello, provocan controversia. La resistencia es el principal indicador del parto, del renacimiento. Hay dolor por lo que muere y expectativa por lo que aun no acaba de nacer.

A. Además, Barker insiste en que ante un cambio paradigmático como el actual, toda la experiencia previa vale cero, deja de ser útil. Por ello, vemos políticos, empresarios, administradores, rectores de universidad, líderes sindicales e intelectuales con esa cara de bombero sin agua. La vida les ha jugado rudo pues todo su conocimiento se ha vuelto inútil. Esa es una tragedia que pocos tienen la capacidad de resolver.

S. ¿Cómo se resuelve?

A. Nunca se resolverá por aferrarse a lo que se ha ido o está por irse. Deben aceptar los hechos sin juicios de valor. Eso es doloroso y requiere de todo un proceso de maduración... pero es más doloroso aferrarse a un pasado que ya no existe.

S. Eso no es fácil.

A. Por ello, pocos logran dar el gran paso hacia adelante, por eso, hay quienes sólo reaccionarán hasta el gran fracaso, hasta la muerte del sistema.

S. En pocas palabras, el cambio se va a dar, pero ese cambio puede ser muy doloroso o puede ser fluido, puede ser rápido o puede tardarse, puede ser violento o puede ser pacífico.

A. En México empieza a haber pluralidad política importante y alternancia en el poder. Ya se rompió el mito de que sólo el PRI podía gobernar. La mayoría de los jóvenes y de las clases urbanas, ya no creen en lo que ese partido como única alternativa, o mejor dicho, están dispuestas a correr el riesgo de un cambio, su curiosidad es más grande que sus temores.

S. Pero también ahí hay prejuicios.

A. Por supuesto, no porque cambie el partido en el poder la situación mejora. Pero ese es parte del proceso de aprendizaje. No porque ahora haya un presidente de la oposición o un Congreso plural habrá mejores leyes, por el contrario, las iniciativas pueden politizarse en extremo. Pero esos son aprendizajes para la sociedad, para los partidos y para los propios políticos. Por ejemplo, estos actores ya empiezan a entender que una vez que se logra la democracia en el país, hay que lograrla hacia el interior de los propios partidos.

S. ¿No la hay en México?

A. Incipiente, pues apenas empiezan a surgir procesos de selección interna de candidatos con auténtico sabor democrático, en donde la contienda se da libremente e incluso es decidida no sólo por los afiliados a los partidos, sino por la propia sociedad, en lugar de que la lucha sea a soto voce en los corrillos del poder. Eso es interesante. Son procesos que se han sugerido desde hace años, pero que hasta ahora se comprenden. Esa es una buena manera de acercar la política a la sociedad y de lograr que cada día se lancen a la contienda los mejores candidatos. Cuando la competencia es fuerte, se abren las puertas al mejor. Por ejemplo, es probable que el candidato del PRI a la presidencia ya no surja de alguna posición privilegiada en el gabinete.

S. ¿Cuál es el fondo de todo esto?

A. Que México empieza a andar por un camino más democrático conforme ha avanzado su nivel de conciencia. Por el camino de fortalecer los sistemas, más que a las personas; de entender que la fuerza de un país está en crear gobiernos a prueba de malos políticos; de dejar de creer que la solución se ubica en un político carismático y poderoso que vendrá a rescatarlos de la desgracia.

S. Entonces, no hay mesías.

A. Todos deben ser mesías de sí mismos.

S. Ese es un cambio de paradigma.

A. Y cada día habrá más ciudadanos y líderes que comprendan la nueva realidad y con ello, empiecen a crear el futuro.

S. ¿Cuales son los riesgos?

Diálogo IX: La Guerra Perdida

A. Siempre habrá sectores que se resistan a este proceso de cambio, eso es natural, sin embargo hay que observar aquellos sectores o facciones con intereses perversos. El narcotráfico es uno de ellos.

S. ¿Es grave?

A. Es más grave de lo que los mexicanos suponen. Es grave porque está por todas partes. Es grave porque es una fuerza que corroe el sistema político y el sistema judicial. Políticos, empleados y jueces son comprados. Es grave porque antes la contienda se daba en los medios de comunicación y aunque sucia, no incluía el asesinato como arma política. Y es aun más grave porque es una variable que en gran parte, está fuera del control de los mexicanos.

S. ¿Sugieres que la lucha contra el narcotráfico es una guerra perdida?

A. Tan perdida que los norteamericanos, con ilimitados recursos económicos, no han podido ganarla. Está perdida por lo que todos sabemos, porque se trata de un problema de demanda, no de oferta y como tal, siempre encontrará medios para subsistir, ya sea con nuevas formas de distribución o con nuevas drogas sintéticas que pueden producirse en cualquier laboratorio casero.

S. ¿En dónde está la solución?

A. En muchas partes. Pero como tú dices, hay que investigar las causas más profundas del problema, el materialismo exacerbado de la sociedad norteamericana, el vacío espiritual, la carencia de lazos familiares, la violencia abierta y soterrada con que se bombardea a niños y jóvenes, la tremenda competencia económica, la disparidad en la distribución de la riqueza, en fin, habrá que ver soluciones de corto y de largo plazo.

S. La solución de largo plazo, está en las causas que comentas, pero ¿qué se puede hacer de inmediato?

A. Después de mucha meditación, creo que lo mejor es su legalización.

S. Eso es muy controversial pues enfrenta paradigmas. El paradigma de que el problema es de oferta versus el paradigma de que el problema es de demanda. El paradigma de que el ser humano puede vivir sin drogas, versus el paradigma de que el ser humano necesita escapes a su realidad.

A. Enfrenta intereses contrarios. Por una parte, un aparato gubernamental dedicado a la lucha contra la oferta, por la otra, un mercado de consumidores. Por una parte, el negocio clandestino, por la otra, las compañías que podrían comercializar la droga legalmente.

S. Los que combaten el narcotráfico no quieren perder su trabajo.

A. Tampoco los narcotraficantes, ni muchos legisladores norteamericanos.

S. Para legalizar el consumo se requiere de un líder norteamericano valiente.

A. Yo empezaría por informar a la comunidad en vez de manipularla por sus temores. Por hablar del problema como lo es, un problema de consumo, un problema que encierra un enorme afán espiritual, un deseo de conectarse a algo más grande y en algunos casos, un escape del mundo real.

S. Aun legalizando las drogas ¿no habría siempre algo ilegal como venta de drogas a menores o venta de drogas sin receta médica?

A. Por supuesto, el problema no se erradica, sólo hablamos de una acción de corto plazo, pero aun así, se vuelve más controlable o un entorno menos violento. Se acepta el mal, se arroja luz sobre las sombras, se descubre al verdadero enemigo: la soledad del ser humano.

S. ¿Qué puede hacer México?

A. Por lo pronto tendrá que seguir luchando una guerra perdida, atacando sus síntomas en la policía, en el sistema judicial, en el sistema político... y soportando el papel de chivo expiatorio.

S. Pero puede ser valiente en sus propuestas

A. El chivo expiatorio sólo existe hasta que decide dejar su papel de víctima.

S. Es algo que México no está acostumbrado hacer.

A. No es fácil hacerlo cuando tu acusador es el vecino más poderoso de la tierra, pero el primer paso es interno y aquí observo que las nuevas generaciones están cansadas de ser víctimas de una visión negativa, de las crisis recurrentes, de la falta de liderazgo, del colapso de un sistema político, de los viejos paradigmas y entre ellos, el de siempre ser la parte perdedora en la relación con su vecino.

S. Aquí surge de nuevo la pregunta ¿por qué aceptar ser víctima?

A. ¿Qué culpas esconde México? ¿Qué le impide aceptarse como es, con sus fuerzas y sus debilidades para encontrar su verdadera grandeza?

S. No es fácil empezar de cero.

A. Empezar de la nada es lo mejor que cualquier nación y cualquier individuo pueden hacer ante la duda o la crisis. Regresar a la nada es quitarse el exceso de equipaje y encontrar la verdadera identidad, la luz interna. Regresar a la nada es encontrar las conexiones superiores y por tanto, encontrar el Todo.

S. ¿Ese es el verdadero enemigo, los temores?

A. Ahí está la verdadera oposición al cambio, en la oscuridad, en el desconocimiento de la conciencia individual y colectiva. Pero, ¡oh paradoja!, también ahí está la solución, pues los problemas externos no se resuelven hasta en tanto no se resuelve lo interior.

S. No hay culpas.

A. Las culpas son invenciones humanas que se vuelcan contra otros a través de la proyección o contra sí mismos. No hay guerra, insisto, sólo grados de evolución. Hoy, México tiene la gran oportunidad de dar un salto hacia delante en su grado de conciencia y no debe sofocar la angustia que eso provoca. Por el contrario, hay que dejar activa la tensión del momento para poder resolver la paradoja, para encontrar la mandorla, el camino entre lo aparentemente irreconciliable.

S. El movimiento del 68 cumple treinta años ¿ese es un ejemplo de lo que no debe suceder?

A. Es un ejemplo de que la angustia que emerge porque lo nuevo no nace y lo viejo no acaba de morir, puede derivar en violencia. Hay que observar la gran oportunidad.

S. Algunos insisten en buscar culpables.

A. Puede ser, pero me parece más provechoso hacer un análisis de la inmadurez con la que el sistema respondió para no volver a caer en esa trampa. El sufrimiento no se enterró en el 68. El sufrimiento persistió en crisis económicas y políticas y aunque todo es aprendizaje, y México ha madurado en estos últimos treinta años, el costo fue mayor por el afán de tapar realidades, por no aceptar sombras, por querer ponerle anteojeras a la conciencia colectiva, por preferir el poder de la manipulación al poder de la libertad. En ambas partes, había intransigentes y había espíritus que empujaban hacia la tolerancia.

S. ¿Es un momento parecido?

A. Sí, aproximadamente cada treinta años se le presenta una gran oportunidad a este país. En 1910 hubo violencia, en 1940 por el contrario, la violencia estuvo en la Segunda Guerra, pero internamente se generó una era de crecimiento y estabilidad y en 1968 de nuevo hubo violencia. 1998 abrió un ciclo de treinta años. Esa era puede derivar en mayor estabilidad económica, madurez democrática y menor desigualdad en los ingresos.

Estamos viendo los signos del cambio de ciclo desde 1994 en Chiapas, en la crisis económica, la inseguridad pública e incluso en los desastres naturales. Esos son signos negativos de lo que está pendiente por resolver como la desigualdad del ingreso y el deterioro ambiental. Pero también observamos signos positivos como la pluralidad y la tolerancia política. Todo ello son mensajes que los mexicanos deben entender.

S. Entonces la guerra no está perdida.

A. Ninguna guerra está perdida. Mejor aun, no hay guerra que pelear. No hay vencedores ni vencidos, sólo oportunidades, puertas que se cierran y se abren, puertas que hay que abrir o cerrar.

Diálogo X Los Medios de Comunicación

S. Dime cómo operan los medios de comunicación en todo esto.

A. Para entender a los medios, hay que verlos como lo que son: el cuarto poder.

S. Hace tiempo eran sólo un apéndice del poder ejecutivo.

A. Una agencia de publicidad, pero esto ya no es cierto. El negocio ya no es aplaudirle al gobierno sino ser crítico e independiente.

S. ¿Por qué se dio el cambio?

A. Porque la sociedad evolucionó, porque algunos medios estuvieron dispuestos a ser independientes y el mercado reaccionó positivamente. Eso les generó poder y ganancias, los demás medios imitaron.

S. Ahora son un poder independiente.

A. Son un poder y como tal, actúan conforme a sus propios intereses.

S. Que son los de la comunidad.

A. Mmmmm.... Eso es llevar el argumento demasiado lejos. No siempre el interés de la comunidad es el interés de la prensa o la televisión. No siempre se vende periódico si se habla con la verdad o cuando menos, si se plantea un problema con todas sus dimensiones, con toda su complejidad, con todos sus claroscuros.

S. ¿No es labor del periodista hacer más digerible la noticia?

A. Si, y caminando por ese sendero se abusa con sensacionalismo.

S. Los periodistas son humanos.

A. Y como tales tienen amigos, tienen socios, tienen negocios, tienen intereses, tienen pasiones y están en competencia por las noticias.

S. ¿Hay abuso de autoridad en los medios?

A. Considero que actualmente, el cuarto poder es el único poder sin restricciones, sin contrapesos, casi diría que....

S. ¿Impune?

A. Un medio de comunicación puede acabar con el prestigio de un individuo, de una familia, de una empresa, de una comunidad. Se ataca con facilidad a sabiendas que el acusado tiene pocos elementos de defensa. Se ataca, a veces, sin ningún fundamento e incluso bajo la certeza de que el acusado es inocente.

S. Propones que debe haber una restricción mayor a la ética de los propios periodistas.

A. Como la hay en los países más evolucionados. La única manera de restringir un poder es con otro poder y aunque esto siempre provoca escozor entre los comunicadores, México tiene que seguir avanzando en su aspiración de ser una nación madura y para ello, las leyes deben otorgar más garantías al individuo ante la calumnia y la difamación.

S. Pero el político debe saber que así es la política, que se expone y expone a su familia al descrédito.

A. No todas las víctimas de la calumnia son políticos, además, ¿qué tipo de políticos desea este país?... No se trata de preferir el abuso de un poder en lugar de otro. Cada día hay mayores riesgos al incursionar en la política. Los buenos políticos corren el riesgo de ser asesinados, de ser difamados. Eso no beneficia a ningún sistema político.

S. Pero ¿no habrá culpa también del gobierno?

A. Por supuesto. Ante la falta de información, los medios se vuelven agresivos. Si el político esconde, el medio busca. Sin embargo, muchas veces el gobierno no tiene la información. No pretendo exculpar al gobierno por ello, por el contrario, la carencia de información es un mal endémico en la administración pública.

S. Los gobiernos, hemos dicho, carecen de planes, proyectos, objetivos, indicadores y metas. Por ello, no pueden informar.

A. Pero sería muy fácil sólo culpar al gobierno por ello. Creo que los medios han abusado de su poder y han causado mucho mal. No sólo eso, sino que han contribuido a la creación de sombras, de demonios y de chivos expiatorios.

S. Los medios son alérgicos a la restricción de su poder.

A. Es lógico, es una libertad hasta hace poco conquistada y ejercida. Pero no hablamos de una mordaza por parte del gobierno hacia los medios, hablamos de proteger los derechos del individuo ante un cuarto poder. Ese individuo puede ser un ciudadano común y corriente, un padre de familia, un hermano, un hijo, un padre.

S. La exageración y la simplicidad es lo que vende.

A. También vende la exorcización de demonios y el halo de luz en la oscuridad, y siendo el poder más fuerte, debe hacer un esfuerzo por elevar su ética, pero mejor aun, por aceptar que su poder tiene límites y que esos límites se ubican en los derechos humanos, en algo externo, no sólo en su disposición de auto-limitarse... En el lenguaje simbólico, el dios de los comunicación es Mercurio.

S. El dios de los ladrones.

A. Y también es el mensajero de los dioses, es el ángel que enlaza lo divino con lo humano. Entonces la prensa puede ser un ángel o puede ser un ladrón. Puede liberar a los humanos o puede robarles su poder personal.

S. ¿Entenderá esto la sociedad mexicana?

A. Puede entenderlo con rapidez o puede esperar a ser la próxima víctima del abuso de poder de algún medio de comunicación.

DIALOGO XI: Un Gobierno Competitivo

A. Como quiera que sea, la transferencia de poder del gobierno a los medios de comunicación es un paso importante.

S. El siguiente deberá ser la transferencia de poder de los medios a la comunidad.

A. Eso no es suficiente para garantizar un mejor gobierno.

S. Ni una mejor sociedad, pero son condiciones que pueden facilitar la emergencia de un gobierno eficiente y competitivo. Decías que existen gobiernos de calidad en Australia, Nueva Zelanda, Reino Unido...

A. ...y en México.

S. ¿De qué hablas?

A. De que ya hay nuevos patrones de conducta en algunas áreas de gobierno. La administración de calidad ya se ha probado con éxito en el sector público en este país.

S. Pero ¿apenas será una minoría?

A. Aun no forma masa crítica, aun no crea la suficiente inercia, pero lo importante es que ya se está experimentando con ello.

S. Dame casos.

A. La mayoría de los casos están en los gobiernos estatales. Nuevo León y Chihuahua fueron pioneros a principios de esta década. Luego se han hecho intentos en Aguascalientes, Guanajuato, Coahuila, Tamaulipas, Puebla, Tabasco.

S. ¿Y que resultados ha tenido ese esfuerzo?

A. En 1994, en Nuevo León, la criminalidad, de por sí baja, se redujo a la mitad. La educación de por sí buena, fue mejorada con una visión moderna. Hay más de 1000 escuelas públicas trabajando en calidad. Los niños aprenden inglés, cómputo y calidad en la escuela, las llaves del futuro. Muchos trámites fueron eliminados, muchas funciones fueron descentralizadas hacia los municipios.

Los gastos administrativos se redujeron en más de un 50%, los servicios se eficientaron con enfoque al cliente, sistemas de medición y actitud de mejoramiento continuo. El gobierno dejó de engrosar sus filas. Se redujeron los mandos de control y se reforzó el nivel operativo. En general, todo ello representó un impulso hacia una nueva manera de administrar en gobierno que contagió a un gran número de servidores públicos en todo México.

En Tabasco se logró reducir la criminalidad en un 50% en 1998.

S. ¿Y el Gobierno Federal?

A. Entró tarde al proceso. Debemos recordar que el gobierno federal es el más distante a sus clientes y eso dificulta el proceso, pero algunas dependencias están probando con administración de calidad y están logrando hacer un cambio. Esto no es fácil pues el gobierno federal está sobre regulado hacia su interior. Los empleados federales son víctimas del peor de los estilos administrativos. La creatividad es sumamente riesgosa en este régimen de terror, en donde nadie quiere tomar decisiones. Es tan difícil cambiar un sistema que ni siquiera ha podido ajustar sus horarios de trabajo a los de las empresas.

S. ¿Pero no es imposible?

A. No, ese es justamente mi argumento. Con herramientas precisas, el servidor público federal está más que dispuesto a liberarse de la prisión del sistema para transformarlo en un sistema inteligente.

S. ¿Prisión?

A. Sí, todos son prisioneros del sistema de administración tradicional.

S. ¿Hasta el propio Presidente?

A. Yo diría que el Presidente se convierte en el principal prisionero de este sistema anacrónico, ineficiente e inhumano y en ocasiones, purga una sentencia de por vida pues la recriminación de la sociedad lo acompaña hasta la tumba.

S. ¿No hay manera de librarse?

A. Hay que trabajar sobre el sistema, hay que cambiarlo.

S. ¿Cómo se cambia?

A. Con pequeños pasos, pequeños pero relevantes, significativos.

S. Me hablas de la teoría del caos: "El vuelo de una mariposa en el trópico puede provocar un huracán".

A. Sí, el universo está relacionado de maneras complejas y sutiles. Una frase, una nueva actitud, una idea puede ser suficiente para empezar a mover el sistema en otra dirección. Sin embargo, desde un punto de vista más práctico, el sistema cambia con el uso de herramientas poderosas.

S. No con el uso de eslóganes.

A. No, las frases bonitas son sólo eso. De nada sirve hablar de que "el cliente es primero" o de que "hay que hacer las cosas con calidad". Eso sólo angustia a los servidores públicos porque saben que se les exige algo diferente pero no se les da el poder para lograrlo.

S. ¿Cuál es el camino?

A. El camino es el método y la herramienta. Sólo con herramientas los administradores públicos podrán transformar el sistema tonto en un sistema inteligente.

S. Pero ¿qué hay de los valores?

A. Los valores son fundamentales. Si el valor es la desconfianza, se crea un sistema centralizado y enfocado al control por actividades. Si el valor es la responsabilidad, se crea un sistema descentralizado, enfocado al servicio, que se regula por resultados y que fomenta el liderazgo en todos los niveles.

S. ¿ Hay que capacitar sobre los valores?

A. Hay que clarificar el cambio de valores, pero eso no es suficiente. Los directivos deben demostrar en la práctica los nuevos valores con sus propias conductas. No es posible hablar de confianza y seguir pidiendo reportes sobre actividad, poner relojes checadores o atiborrar a los empleados con una retahíla de órdenes.

S. ¿Entonces el nivel directivo es el principal responsable?

A. Todos son responsables de transformar el sistema en la pequeña o gran parte que les corresponda, pero en efecto, quien tiene la palanca más grande para transformar el sistema es el nivel directivo. Esa es su misión. Más abajo hay muchos deseos de cambio pero no hay suficiente poder. Por lo menos, no en el esquema actual.

S. ¿Qué falta para que el gobierno mexicano pueda ser de calidad?

A. Énfasis.

S. ¿Liderazgo?

A. Sí liderazgo genuinamente interesado en impulsar una visión positiva.

S. ¿Cómo cuál?

A. Como la visión de que México puede ser un país competitivo con un gobierno competitivo. Como la visión de que es posible mejorar.

S. Pero hay que dedicarle tiempo al cambio.

A. En México la reforma de estado se distrae con temas muy superados en Europa como la reforma política, en lugar de concentrar sus esfuerzos en la reforma administrativa.

S. Será que esos temas aun no se superan en este país.

A. O que los niveles directivos no dedican tiempo a cambiar el sistema.

S. ¿El Presidente debe estar en esto?

A. No me imagino que un tema tan importante no tenga relevancia en la agenda presidencial.

S. ¿Qué pasa con la resistencia al cambio?

A. Para transformar un sistema se deben utilizar a las mismas fuerzas de resistencia para impulsarlo hacia la nueva dirección.

S. ¿Un engaño?

A. No, simplemente no puedes cambiar todo al mismo tiempo, por lo tanto debes apalancarte en lo existente.

S. ¿Cómo?

A. Como aprovechar el respeto exagerado a la jerarquía. El sistema tradicional de administrar no deja que nada se mueva sin la autorización del nivel directivo. La administración de calidad, por el contrario, enfatiza el cambio en cualquier nivel de la organización. Pues bien, para vencer la inercia, el primer paso debe ser un mandato.

S. Si el nivel directivo pone énfasis en el cambio, los demás niveles obedecen.

A. Sólo al principio, luego encuentran su propia definición del cambio, pero ese primer impulso es importante. "Te obligo a ser libre para que descubras que en verdad lo eres".

S. ¿Por qué no ha habido este énfasis?

A. Porque la visión aun no está clara y porque los mandos políticos no acaban de entender que hay más riesgo en permanecer igual que en hacer el cambio.

S. ¿Se requieren recursos adicionales para lograrlo?

A. Sería peligroso sujetar el cambio a la necesidad de mayores recursos. Ese es parte del viejo paradigma de la administración tradicional, en donde para hacer más, se requiere más. Es preferible hablar de una reasignación de recursos. Debemos entender que actualmente, los recursos son utilizados con gran ineficacia por el sistema administrativo.

S. ¿Ineficiencia?

A. No. Antes que la eficiencia, antes que el análisis de costos y la optimización de recursos, el sistema debe preguntarse por la utilidad social del gasto.

S. Además, cada día habrá menos recursos fiscales.

A. Eso es positivo porque es una presión para el cambio. La peor administración se presenta en sistemas con exceso de recursos. Sólo piensa en el sinnúmero de actividades que realizan los servidores públicos que no brindan ningún beneficio a nadie.

S. Entonces, toda actividad debe tener un cliente y todo cliente debe recibir un beneficio.

A. Lo que no es servicio es un desperdicio. Por tanto, debe ser eliminado.

S. ¿Eso es lo que llaman reingeniería?

A. Puede ser, pero se debe tener cuidado con los procesos de reingeniería que son realizados con valores de la administración tradicional. De nada sirve que el jefe ahora hostigue a los empleados en una supuesta alianza con el cliente. La mejor reingeniería no es la que realiza un consultor en cofradía con el jefe, sino la que el personal realiza todos los días porque el sistema lo permite, porque hay espacios de libertad dentro del sistema que permiten que se ponga en práctica las nuevas ideas. Insisto, no es un problema de empleados tontos, sino de sistema tontos.

S. Pero la reforma no siempre asegura triunfos electorales y eso es lo que a los políticos preocupa.

A. No puedo imaginar a ningún político moderno que no conozca de administración moderna.

S. ¿Qué pasa con los niveles operativos?

A. Los verdaderos reformadores no están arriba. Hay muchos desconocidos que han logrado cambiar al sistema en lo que a ellos les toca, en sus variables de control: directores, jefes de departamento, directores de escuelas, maestros y policías que han hecho posible la reforma. Héroes que hacen su tarea día tras día, con modestia y sin reconocimientos.

S. ¿Qué pasaría si México tuviera un gobierno de calidad?

A. Sería un país con una gran ventaja competitiva. Sería un país poderoso. Si el gobierno, sin embargo, sigue administrando tradicionalmente, seguirá siendo un obstáculo para que los mexicanos puedan competir ante el mundo, y eso se traduce en mala calidad de vida.

S. No son procesos fáciles ni de corto plazo.

A. Por supuesto que no. Pero hay ejemplos en otros países en donde se ha logrado transformar al gobierno en períodos de 5 años.

S. ¿En cinco años se puede cambiar este gobierno?

A. No totalmente, pero sí demostrar que la administración de calidad no es exclusiva de los países más avanzados. Luego vendrá el periodo de la mejora continua y ese es para siempre. Pero si la pregunta es cuándo se podrían observar resultados. Eso sería de inmediato en algunas áreas, en la mayoría de las áreas en cerca de 5 años y en todo el gobierno en 10.

S. ¿Con un gobierno de calidad México se convertiría en potencia?

A. Es una variable importante.

S. ¿Y la educación?

A. Ese es un tema que estaba esperando.

DIALOGO XII: La Educación

S. ¿Por qué pones tanto énfasis en la educación?

A. La educación es el futuro de cualquier país. Es el gran equilibrador de las diferencias sociales. Es la llave que una generación otorga a la siguiente. Es la mejor inversión.

S. México ha puesto una gran atención a la educación, gran parte de su presupuesto se gasta, o mejor dicho, se invierte en educación, pero en lugar de ser más competitivo, está perdiendo terreno internacionalmente.

A. Es cierto. Pero algo ha sucedido en el proceso que no logra los resultados deseados; hay una gran diferencia entre escuelas públicas y escuelas privadas, desde la primaria hasta la universidad.

S. ¿Hay más calidad en las escuelas privadas?

A. Generalmente, tan es así, que los funcionarios tienen a sus hijos estudiando en escuelas privadas.

S. No confían en el propio sistema que administran.

A. Hay demasiada burocracia en ese sistema, es demasiado pesado, pero quizá el mayor problema no está en su tamaño, sino en el peso de las ideas que lo aprisionan.

S. ¿Cuáles son?

A. Hay un concepto equivocado de que la educación debe estar estandarizada, que debe ser igual para todos: Un mismo programa, un mismo libro de texto para todo el país.

S. Es común que el estado quiera garantizar un mínimo común de conocimientos y habilidades para sus ciudadanos.

A. Tú lo has dicho: un mínimo... pero no el 100%. Eso es tanto como querer meter a todos los mexicanos en una camisa de fuerza, esperar que todos deban pensar y actuar de la misma manera.

S. Va en contra de la diversidad social.

A. Y del pensamiento creativo...

S. ...de los alumnos...

A....y de la sociedad en general. Es una actitud sobre-regulatoria, apabullante, que impide el florecimiento de escuelas de todo tipo.

S. Ejemplos.

A. Pensemos en un empresario de la educación que quiera establecer una escuela privada de México que incluya cómputo, inglés y calidad para sus alumnos desde la primaria. Que quiera introducir los mejores métodos de enseñanza de matemáticas, de lenguaje, de solución de problemas. Actualmente, este empresario va a enfrentar innumerables barreras burocráticas para establecer su escuela y tendrá que ajustar sus programas y sus textos a lo que la SEP establece.

S. Pero en México hay escuelas privadas que lo hacen, es más, pueden incluir educación religiosa, lo cual había sido una prohibición expresa en las leyes mexicanas.

A. Todos estos casos se dan como mucho de lo que sucede en México, por favor gubernamental, con el temor de estar fuera de la ley, con la simulación y sólo lo logran los poderosos, los influyentes, los que pueden sacarle la vuelta al sistema.

S. ¿Qué pasaría con esta libertad que propones?

A. Habría diversidad.

S. ¿No se corre el riesgo de que en la diversidad haya grandes perdedores, grandes rezagados, grandes ilusos y grandes engaños?

A. Ese es un argumento de temor. En la diversidad también hay competencia. Habría un florecimiento de escuelas privadas que competirían entre sí por atraer al mercado y esa competencia acabaría por contagiar a las escuelas públicas. Además, el mercado no es tonto y si de la educación de sus hijos se trata, es sumamente cauteloso.

S. Por tanto, ¿el gobierno no debe regir los programas de estudio?

A. No porque está jugando a ser dios, está suponiendo que él es más inteligente que el mercado y de sobra conocemos lo que sucede cuando con esa actitud. El mundo está cambiando de manera vertiginosa y si se quiere ser competitivo, es necesario soltar los controles estatales en este punto tan básico como es la educación.

S. No me imagino una aprobación en ese sentido. Por el contrario, veo a diputados de todos los colores, haciendo trizas esta propuesta.

A. Por eso, la educación en México está a la deriva, pues hay innumerables tabúes que la sujetan a un sistema obsoleto. El tema está lleno de demonios, algunos de ellos, muy antiguos.

S. ¿Entonces?

A. El cambio tendrá que darse a pesar de estas sombras porque llegará el momento que la sociedad lo exija y los políticos hagan una mejor lectura de lo que los padres quieren y los alumnos necesitan.

S. El tema de la reforma educativa tendrá que tocarse.

A. Y en esa discusión, habrá mucha pasión desbordada pues hay intereses poderosos que no quieren perder privilegios.

S. Tu opinión es que los actuales paradigmas son un obstáculo para el desarrollo de México.

A. Sólo un paradigma: creer que el gobierno sabe más que la sociedad. De él se desprende lo demás.

S. Pero tenemos que ser prácticos ¿qué hay de los grupos de presión como lo puede ser el propio sindicato de maestros?

A. No sé cuales son las mejores soluciones, mucho menos sé de estrategias políticas, lo que sí se es que la educación es tema de discusión nacional, es algo que todos los mexicanos tienen que descubrir, pero si no se abre la discusión, las cosas permanecen igual.

S. Mi experiencia me dice que los grandes proyectos siempre terminan en grandes fracasos.

A. Por ello, el cambio no puede ser propuesto por el mismo sistema, o por una persona, mucho menos por un político. Tiene que venir de afuera, de la experiencia, de pequeñas historias de éxito que se generen en un sistema alterno, en un sistema paralelo.

S. Pero esto podría generar mayores diferencias entre los que pueden pagar una escuela privada y los que tienen que conformarse con la escuela pública.

A. Las diferencias se dan porque en un sistema se permite la innovación y en el otro no, y eso es algo que solamente puede cambiar con evidencia. Sólo el peso de una verdad tan cruda como la que acabas de expresar, puede transformar a la escuela pública para permitirle un cambio en favor de sus clientes: los alumnos.

S. Para ello, tendría que haber competencia en el mismo mercado, es decir, entre las escuelas públicas.

A. Probablemente. Es necesario introducir la voz de la comunidad en la escuela pública de manera sistemática, pensando en que los sistemas se regeneran cuando se ponen en contacto con su entorno. Sólo la experimentación puede ir descubriendo el mejor camino, pero lo que sí sabemos es que no es justo que el sistema educativo en México se convierta en el obstáculo de su propio desarrollo. Este país no puede seguir estancado ante el temor de sus propios demonios. El alumno no debe ser víctima de la memorización, el maestro no debe ser un simple operario.

S. La lógica del lenguaje y de las matemáticas son lo fundamental en educación, lo demás es acumulación de conocimientos.

A. No estoy tan seguro de que ahí acabe todo. Sugeriría una materia que enseñe a pensar, que otorgue herramientas para manejar el pensamiento individual y en equipo, que los alumnos puedan aprender a conducir su inteligencia.

S. ¿Con qué fin?

A. Con el fin no de absorber conocimiento, sino de generarlo.

S. Eso puede llevar a los alumnos a la arrogancia. Me imagino a los pequeños tiranos hostigando a sus padres con su lógica.

A. Por ello, esa materia debe incluir el reconocimiento y el manejo de las emociones a través de valores, como la modestia, como el respeto a las ideas de los demás, como entender que todo suceso puede ser analizado desde diferentes ángulos.

S. Un curso de manejo intelectual y emocional.

A. Un curso de libertad. Un curso de poder interno.

Diálogo XIII : El Poder Interno

S. ¿A qué te refieres cuando hablas del poder interno?

A. El poder interno se relaciona con la misión que cada cual tiene, se refiere al derecho de ser que todos tenemos desde el momento en que existimos, se refiere a la aventura, a la búsqueda, al misterio que es la vida. El poder interno se refiere a la pregunta fundamental de ¿por qué estoy en este mundo? Ese poder se encuentra cuando hemos respondido esta pregunta o cuando menos, al encontrar el camino que sacia esa sed. Poder interno es saber utilizar la fuerza que brota de las entrañas como una fuente inagotable de energía y conocimiento en lugar de pretender robarle el poder a los demás mediante la manipulación.

S. Suena místico.

A. Quizá lo sea. Pero la sociedad, con sus reglas y convencionalismos, ha olvidado estos preceptos. Hemos sacrificado nuestro poder personal en el afán de conformarnos, de adaptarnos, de ser "como los demás". Sacrificamos nuestro camino para transitar por el camino de otros.

S. No hay pecado social más grande que ser diferente.

A. Puedes ser excéntrico o parecerlo, siempre y cuando no vayas más allá de lo que los demás son o aparentan ser.

S. ¿Qué son los demás?

A. Un disfraz.

S. ¿Un disfraz?

A. Un traje, un ropaje. La sociedad, a través de diversas instituciones nos obliga a usar una máscara y si no lo hacemos, nos sanciona.

S. Es una necesidad, son reglas mínimas para poder coexistir.

A. Esa es la justificación. Pero a la receta se le agregan más ingredientes.

S. ¿Con qué fin?

A. ¿O por qué causas?

S. ¿Por temor?

A. Por temor de unos, por afán de control de otros.

S. El afán de control encierra temor.

A. Cierto. Por temor sometemos o nos dejamos someter.

S. Entonces ¿todos deben aspirar a obtener poder?

A. No en su sentido popular que implica el dominio de unos sobre otros, sino en su sentido original.

S. Que es...

A. Equilibrio, armonía, conexión, trascendencia, conocimiento, energía.

S. ¿Conocimiento?

A. Soy poderoso si tengo conciencia de mí mismo, del medio ambiente con el que interactúo y de las leyes del universo. Soy poderoso si estoy conectado a esas fuerzas y las respeto, si logro equilibrarlas buscando armonía entre mi misión y la misión de los demás. Eso es trascender.

S. ¿Trascender?

A. Ir más allá de la lucha entre opuestos, de la dualidad, de la apariencia.

S. ¿Para qué?

A. Para encontrar mi centro y desde ahí avanzar por la aventura de la vida.

S. ¡Qué poético! ¿Pero qué utilidad práctica tiene eso?

A. Me libero de mis temores o por lo menos, encuentro maneras más positivas de vencerlos, en lugar del dominio o la sumisión. Encuentro la verdadera fuente del poder, el poder de pertenecer a este mundo y a la vez, al universo.

S. ¿Y?

A. Contribuyo a crear armonía. Ayudo a crear ambientes más sanos.

S. ¿Cómo empiezo?

A. Con una decisión.

S. ¿Cualquier decisión?.

A. Sí, todo el día debemos tomar decisiones, en cada decisión hay una señal que enviamos al universo, por más mínima que sea. El impacto es diferente si decidimos por temor o por poder. Si decido por temor, genero temor. Si decido por poder, me libero y libero a los demás. Si decido en auténtica libertad, con respeto a mi ser, a los demás y al universo, encuentro poder. La decisión es individual pero el impacto es colectivo.

S. ¿La libertad y el poder son lo mismo?

A. Así es, y el temor y la esclavitud, también son lo mismo. El tirano y el esclavo acaban siendo prisioneros de sus propios temores.

S. ¿Sacrifico mi personalidad en aras de los demás? ¿Me diluyo para fundirme en lo colectivo?

A. Sólo puedo interactuar con el universo si mantengo mi ser. No me refiero a la fachada de mi ser, sino a mi auténtico ser. La fachada es vulnerable, es un disfraz. El ser es irreductible, es una luz que brilla de diferentes maneras pero nunca se apaga. Por ello, cuando encuentro mi centro, encuentro el centro del universo y tengo acceso al conocimiento superior.

S. Bien, pero ¿qué tiene que ver eso con México?

A. México ha luchado constantemente por encontrar una identidad. Esa es casi una obsesión pues la siente atada a su destino. Si encuentra identidad encuentra destino.

S. Pero ya vimos que el problema puede estar planteado al revés; si encuentra su destino, encontrará su identidad.

A. Lo más importante es que mientras siga buscando desde el temor, seguirá tropezando. A veces se cubre de disfraces para esconder sus debilidades, a veces se rasga las vestiduras para rehacerse desde la nada.

S. A veces se busca crisis o las provoca.

A. Ningún extremo le ayuda. México puede ser un gran país desde ahora si empieza a tomar decisiones desde el poder de su auténtica libertad o si lo prefieres, desde la libertad que otorga el poder interno de todos sus habitantes.

S. Eso no es fácil.

A. No, cuando impera el temor. Por temor, exagero los obstáculos o me trato de engrandecer ante un medio que considero hostil. Todo ello es ficticio.

S. Pero no es fácil aprender a decidir de otra manera.

A. Si uno encuentra el camino, se contagia. Hay conexiones entre lo individual y lo colectivo.

S. Por donde empiezas.

A. Por estar atento al tipo de decisión que estoy tomando. ¿Me provoca temor o me otorga poder, me somete o me libera? Eso es cobrar conciencia de mí mismo y del medio ambiente, eso es conocimiento.

S. ¿Qué pasa cuando esto no está claro, qué pasa cuando no sé cual es el camino que libera, qué pasa cuando mis dudas no se aclaran?

A. Esos son los grandes momentos de la vida cuando los individuos pueden tener acceso al conocimiento superior y re-encontrar su poder.

S. ¿A qué te refieres?

A. Cuando un individuo se encuentra confundido, cuando no entiende su realidad debe retroceder hacia su centro, debe hacerse hacia atrás y guardar silencio.

S. ¿Literalmente?

A. Física, intelectual y espiritualmente. Pero debe empezar por relajarse. Debe recargarse en su silla o poner el peso en los talones, dejar que su cuerpo encuentre su centro.

S. ¿Bromeas?

A. No, las personas que quieren llegar rápidamente a todos lados, pretenden entenderlo todo con la mente y por tanto, generalmente, llevan la cabeza echada hacia delante. Hay que avanzar, es cierto, pero con todo el cuerpo, con todo el espíritu, con todo el centro.

S. ¿Y?

A. Debe guardar silencio. Debe estar atento. Eso lo llevará a entender con claridad la situación, a verla desde la sabiduría. Muy rápidamente sabrá cual es la ruta del poder y cual la del temor. Muy pronto tendrá respuestas, pero, una vez más, nunca debe apresurar el paso. Debe pensar que ya está donde quiere estar, debe abrazar la duda y la angustia como un momento dorado, único.

S. ¿Es San Agustín el que dice que para escuchar a Dios hay que guardar silencio?

A. Quien haya sido fue un hombre sabio.

S. Yo empezaría por los políticos.

A. Puede ser que un político se convierta en un auténtico líder que libera, pero eso es demasiado difícil en un medio ambiente en donde sólo los cínicos sobreviven. Prefiero pensar que es un proceso individual, en donde cada mexicano empieza a tomar decisiones desde su poder interior y observa que eso tiene un efecto positivo en él y en los demás, que recobra su energía, eso refuerza el aprendizaje hasta que lo hace parte de su sistema.

S. Una vez más, el cambio del sistema político no es de los políticos sino de la sociedad.

A. De los individuos que coexisten en sociedad pero que tienen, cada uno, una misión específica que cumplir.

S. Lo individual influye en lo colectivo y lo colectivo influye en lo individual.

A. La conexión del macro cosmos con el micro cosmos.

S. Pero esas sólo son ideas.

A. ¡Qué más poderoso que una idea! Toda la materia se crea a partir de la información. El universo mismo es información hecha materia. Toda idea genera acción, si la idea es buena, la acción es poderosa.

S. Pero, ¿qué pasa con los críticos o pero aun, los enemigos?

A. ¿Critican por temor o por poder? ¿Son realmente enemigos o solamente están atemorizados por sus propias debilidades? ¿Son opositores o también están en busca del camino?

S. ¿Entonces?

A. Entonces, ¿qué mensajes han recibido los mexicanos en la familia, en la escuela, en la iglesia, en los medios, en las empresas? ¿Qué mensajes están recibiendo de sus instituciones sociales y políticas? ¿Son mensajes de libertad o están llenos de temor? ¿Cuáles son los mensajes de destrucción o infatuación que en este país se manejan? ¿Cuáles son los mensajes que liberan? ¿Cuáles son los mensajes que crean fachadas y cuales los que descubren el verdadero ser?

S. Es una buena pregunta.

A. Es una pregunta que cada mexicano tiene que hacerse. Es una pregunta que ningún líder puede contestar.

S. No hay superiores.

A. Ni inferiores ni superiores. Sólo decisiones positivas y decisiones negativas. Sólo ideas y acciones que liberan o atemorizan, que generan o que ceden energía.

S. Es una búsqueda interminable.

A. Pero hay aliados en el camino.

S. ¿Cómo?

A. Como el universo entero.

S. ¿Un ser superior?

A. El universo interno y externo, y las leyes que lo rigen, con el nombre o imagen con que cada quien lo entienda.

S. Entonces ¿México puede ser un gran país?

A. Puede ser un país más evolucionado que resuelva sus retos con mayor eficiencia, con mayor sabiduría, con mayor poder, con mayor libertad.

S. ¿Desde hoy?

A. Desde el momento en que cada mexicano entienda la inmensa sabiduría interna a la que tiene acceso y en cada momento, decida de acuerdo a su poder interno.

Epílogo

El Mago
Tiernamente, acarició con sus manos el útero,
sabía que le esperaba una nueva vida
y tuvo temor.

Todavía era luz y aun no se hallaba en la carne
todavía era capaz de verlo todo
y se vio como niño,
y se vio como viejo,
y a pesar de sus dudas y las de su madre,
decidió venir al mundo.

Pronto aprendió a comunicarse con los árboles y las
montañas.
Pronto aprendió a utilizar su magia.
Pronto recordó que él era todo el Universo:

Y sentía lo que nadie sentía,
y veía lo que nadie veía,
y escuchaba lo que nadie escuchaba.

Pero al pequeño mago le dolía el mundo.
Y su dolor era tan grande
que decidió tejerse una fachada.
Y cansado de ser mago,
se hizo un traje de hombre

¿Quién eres le pregunto el bosque?
¿Quién eres le pregunto el tigre?
¿Quién eres le preguntó el fuego?

Soy un hombre común y corriente.
Soy un hombre que lucha por alcanzar sus sueños.
Soy un hombre, dijo,
y caminó a lo lejos

Como hombre de lucha supo conquistar cumbres,
y fue templado con tropiezos y derrotas,
y se enfrentó a enemigos poderosos,
y aprendió a secarse las lágrimas con silencio.

¿Qué quieres le pregunto el bosque?
¿Qué quieres le pregunto el tigre?
¿Qué quieres le pregunto el fuego?

Voy tras mi destino, insistió el hombre
La vida es reto,
y siguió por su sendero.

En el camino encontró amor
y con su fachada de hombre
aprendió a ser amigo
y padre y esposo.

Pero un buen día,
se recargó en un árbol
y encontró un pedazo de estrella
y sintió una inmensa tristeza;
y dejó que las lágrimas le bañaran el cuerpo
y la tristeza se convirtió en duda
y la duda se hizo fuerza
y su destino se hizo pasado.

La lucha se convirtió en juego,
el enemigo se convirtió en maestro.

Ese día, el hombre volvió a ser bosque y tigre y fuego.
Ese día, el hombre volvió a ser mago
y se hizo Universo.

No tuvo que perdonar a nadie porque no había ofensa
que perdonar.
No sintió culpa porque no había nada que culpar.
No sintió rencor porque no había nada que juzgar.

Ese día, el mago regresó a casa,
con su pedazo de estrella en la mano
y su traje de hombre bajo el brazo.

Santiago Roel Rodríguez
México 1998
Si deseas comunicarte con el autor envía un correo a
prominix@gmail.com